小武聊股权

一本书搞定股权设计

耿小武◎著

北京联合出版公司
Beijing United Publishing Co.,Ltd.

图书在版编目（CIP）数据

小武聊股权：一本书搞定股权设计 / 耿小武著 .—北京：北京联合出版公司，2018.6（2022.12重印）
ISBN 978-7-5596-1918-1

Ⅰ.①小… Ⅱ.①耿… Ⅲ.①股权管理—研究 Ⅳ.①F271.2

中国版本图书馆 CIP 数据核字（2018）第 068080 号

小武聊股权：一本书搞定股权设计

作　　者：耿小武
出 品 人：赵红仕
选题策划：北京时代光华图书有限公司
责任编辑：昝亚会　夏应鹏
特约编辑：刘冬爽
封面设计：零创意文化
版式设计：曾　放

北京联合出版公司出版
（北京市西城区德外大街83号楼9层　100088）
文畅阁印刷有限公司印刷　　新华书店经销
字数175千字　787毫米 ×1092毫米　1/16　17印张
2018年6月第1版　2022年12月第3次印刷
ISBN 978-7-5596-1918-1
定价：78.00元

目录

第一篇

初创企业，如何利用股权走好第一步

第一章 重视股权设计，为企业未来打下坚实基础

企业发展需要股权设计 /005

根基打牢，才能长远发展 /007

制定清晰战略，发挥股权设计最大价值 /009

股权设计准确，激发企业无限活力 /011

稳定人心，还需合伙制来帮忙 /012

第二章 找准合伙人，让企业走得更顺利

从“合伙”二字说起，看合伙股权对企业的重要性 /019

寻找志同道合的人：合伙就像谈恋爱 /023

“忠”与“患”揭示企业要有核心大股东 /027

找对“梦想合伙人”只需这五步 /029

合伙创业，这几个错误一定不能犯 /033
你的合伙人属于哪一类 /036
合伙创业的长久秘籍 /038
合伙人之间除了合同约束，还得有这一制胜绝招 /042

第三章 成立之初，企业需把控股权风险第一关
注册资本选择有风险，投入成本要谨慎 /047
注册企业，“认缴”与“实缴”究竟哪种更合适 /051
注册形式的选择决定企业未来发展 /053
法人、法定代表人、法人代表，别再傻傻分不清 /057
初创企业股东要格外注意这几点 /061
初创企业如何分清“责权利”/065

第二篇
企业寻求发展，股权运用得当是关键

第四章 股权激励，新时代企业成功的制胜利器
初创企业如何用干股留住核心员工 /077

量体裁衣，企业需要找到适合自己的股权激励方案 /087
如何用股权改变员工的“打工心态”/099
四个前提决定企业股权激励的成败 /108

第五章　掌握公司全局，取得股权控制权最为关键
控制权绝对不是看拥有企业股份比例的多少 /113
知名企业如何用小比例股份占有企业绝对控制权 /120
股东如何才能避免控制权丢失 /128

第六章　股权融资：企业快速融资的吸金大法
企业缺钱，该如何用好股权融资这着棋 /139
初创者必看的企业融资新手段 /140
为企业找投资，看你是否具备这六种特质 /142
股权融资如同谈婚论嫁，七步让你成功“入洞房”/144

第七章　退出机制，企业重新焕发生机的重要机会
企业如何把激励出去的股权收回来 /151
合伙创业，如何约定哪些退出条款对公司更有利 /153
如何在协议里规定股东退股的问题 /155
创业者不可不知的六大退股条款 /157

第三篇

碰上股权纠纷，解决不易，需谨慎处理

第八章 合伙人分歧如何快速解决

初创期合伙人想退股应该怎么办 /165

大股东想变更法定代表人，小股东不同意怎么办 /167

召开股东会，股东拒绝签收会议通知怎么处理 /169

我的合伙人问我要工资——给，还是不给 /170

两兄弟合伙创业，为何友谊的小船说翻就翻 /172

合伙人纠纷化解的五大原则，你用过几个 /175

上亿股权纠纷案例，这四点教训值得所有创业者深思 /178

第九章 小股东如何保证分红权及利益不受损

小股东如何保证投资不会打水漂 /185

小股东如何保证分红权 /187

大股东和小股东产生分歧，能否将小股东开除 /189

别再傻了，工商局提供的公司章程模版是个“大坑”/192

持股1%的小股东如何将持股99%的大股东除名 /195

说好的理财产品，怎么就变成了原始股投资 /199

干了10个月，出资10万元想让大股东300万元回购股权，可能吗 /202

第十章　如何用机制避免股权分散的魔咒

老公代老婆签字的股东会决议是否有效 /207

避免“罗辑思维”式合伙悲剧，需要注意这几个问题 /209

合伙创业两人情同手足，最终为何反目成仇 /213

五个亲兄弟为何难逃股权平均分配的“魔咒” /216

第四篇

附录

解析真实股权案例，带你从多个不同角度深入了解股权

小小烩面馆，通过股权设计方案做出大成就 /223

“烤鸭合伙模式”：诚心诚信带来最终成功 /226

当企业管理者婚姻问题遇上股权纠纷，看似无关实则大有影响 /235

股权转让有风险，找专业人做专业事很重要 /241

合伙创业，学习这些案例不可少 /246

如何避免“万科王石”事件的重演 /257

后记　打羽毛球如何与律师股权业务擦出火花 /261

第一篇

初创企业，
如何利用股权走好第一步

第一章

重视股权设计，为企业未来打下坚实基础

企业发展需要股权设计

根基打牢，才能长远发展

制定清晰战略，发挥股权设计最大价值

股权设计准确，激发企业无限活力

稳定人心，还需合伙制来帮忙

|企业发展需要股权设计|

股权是当下的一个热门话题，越来越多的企业家希望了解更多的股权知识。有的企业家之前有过因企业股权设计不当而导致企业发展受阻，甚至破产倒闭的经历，因此更加迫切地想多了解一些股权设计的内容。

首先，让我们看一下什么是股权，什么是股权设计。

在我看来，股权不仅指股东对公司的各种权利（如控制权、分红权、知情权等），股权更是企业在经营中，股东与股东之间、股东与投资人之间、股东与员工之间约定好的关于利益分配的规则，这是股权中最核心的内容。其他如股东比例、股权设计等内容，也都是为了更好地保证股东利益的实现而做的各种尝试和努力。

股权设计对于企业，通俗来说，就像盖楼前精心设计出来的图纸。众所周知，如果想要盖一栋摩天大楼，首先要有一张设计图纸，没有图纸的情况下建一栋两层小楼倒有可能，但如果盖的是摩天大楼，没有设计图纸怎么盖？每个企业家都希望自己的企业可以成为“摩天大楼”，而不是“两层小楼”，所以，设计好一张能盖“摩天大楼”的图纸对企业来说就显得十分重要。

股权设计对于企业的重要性不言而喻，很多国内知名的企业也是从股权设计开始起步，并在短时间内迅速实现了企业的腾飞。

马云阿里巴巴的成功，有一部分功劳要归于蔡崇信。他在阿里巴巴创始之初加入，对阿里巴巴“十八罗汉”的股权进行了合理的设计和安排，使阿里巴巴的凝聚力得到进一步加强。正因为股权分配得当，使这些创始人都可以安心地在自己熟悉的领域努力拓展，也在一定程度上促进了阿里巴巴最终的成功。由此可见，创业之初人们需要进行合理的股权设计，要对企业未来预期利益进行综合考虑和安排。股权设计得好，大家就能各司其职，各尽其责，企业也就可以平稳、正常的运作和发展。

股权设计包含的内容很多，其中最为人们熟知的就是股权激励。股权激励这个概念这几年很火，但真正利用股权激励获得成功的例子却不多。华为作为这几年运用股权激励最为成功的企业之一，对其他企业起到了很强的示范作用。

华为虚拟股的成功，让更多的企业家看到了股权激励的重要性，并争相效仿。随着企业不断发展壮大，企业家想要留住员工，就要对核心员工进行股权激励。企业家关心股权激励怎么做，股权怎么分，分给谁，分多少？给员工分股权时，员工是否要出钱？出多少钱？股权激励要用什么具体形式？用干股、虚拟股、期股、期权，还是限制性股权？如果股权激励的股份分配不当，股权又怎么退？这些问题都需要企业家对股权进行统筹全局的设计和安排，股权分得好，企业就能稳健发展，分得不好，企业则会内耗不断。

随着企业不断地发展壮大，其需要的股权设计内容也会随之变化，企业可能需要用股权融资、股权投资来扩大规模。这里值得注意的一点是，股权投融资涉及对企业股权进行估值和对股权架构进行更为合理的设计，其中投融资的制度设计还需要考虑核心大股东对企业控制权的要求，避免失去对企业的控制权。

企业发展到一定规模后，还可能涉足资本市场，到交易场所进行挂牌交易。目前，越来越多的企业告别债权融资，开始使用股权来融资。中国的企业家要想富过三代，股权财富的传承也应进行考虑，企业家要做好这种准备——总有一天，企业要脱离企业家独立运行，这需要企业拥有完善的治理架构。

可以说，股权设计一直贯穿于企业的发展之中，从企业出现开始，就一直有十分紧密的联系。总之，股权设计对企业来说至关重要，初创企业的企业家们应增强对企业股权设计重要性的认识，通过股权设计来促进企业的快速发展。

根基打牢，才能长远发展

如果把企业比喻为一棵慢慢成长的树，那么股权就是这棵树的根。树的成长需要合适的环境，长在沙漠里的树和长在平原沃土上的树，因为其生长环境不同，最终的结果一定也不一样。

树的成长主要靠根部的滋养，树没有根或者树根生长不旺，一定长不大。企业也是如此，如果在创办企业时没有做好股权设计，那么企业的根基就会不稳，发展也不会顺利。

虽然企业的成长和树的成长很像，但也有一些不同。树的成长需要天时地利，企业的成长不仅需要天时地利，更需要“人和”。“天时不如地利，地利不如人和”，“人和”是企业成长所需的另一个重点因素。

“人和”需要企业有好的股权设计，很多企业不是死于外部竞争，而是死于内耗。企业“人和”则可“内圣而外王”，在市场上所向披靡，勇往直前。想要“人和”，企业就必须处理好股权中人与人之间的权和利问题，企业中每个人扮演的角色不同，对企业的股权也就有不同的需求。比如大股东需要的是对企业股权的控制权；创业合伙人需要的是股权的话语权；核心团队需要的是基于股权的参与感；投资人则需要投资的安全和保障，以及股份的顺利变现。这些内容都离不开股权顶层设计，也是企业想要“人和”所必须做的事情。

| 制定清晰战略，发挥股权设计最大价值 |

首先，你想象这样一幅画面：一个人同时骑上两匹骏马，这可能实现吗？可能有人会说，有可能啊，这匹马怀孕了。你可能看到这儿时不禁在笑，答案不言而喻，一个人不可能同时骑上两匹马，同样，很少有人能带领员工同时经营好两个不同行业的企业。

现实生活中，有一些企业家，今天做这个行业，明天做那个行业，觉得哪个行业赚钱就做哪个行业，结果可想而知。如果一棵树总是移动，那么这棵树在未来也很难顺利长大。树唯有踏实地待在原地，并不断向下扎根，才能茁壮成长，最终成为参天大树。企业经营亦然，如果企业家不断转换行业，是很难将企业做大做强的。企业家唯有在某个行业里“精耕细作”，才有可能在某个领域有所建树。

我了解到的部分企业，由于定位精准，在某一细分品类中胜出，并异军突起，迅速攻城略地。如一加一天然面粉、巴奴毛肚火锅、阿五黄河大鲤鱼、百宴菌菇拉面等。除此之外，也有很多企业由于定位不清，现在陷入困境。

目前，整个外部环境客观上也要求企业做精做细，专注于某一个行业。现如今，市场内的产品越来越多，各行各业的竞争已经趋于白热化。不像在过去产品稀缺的年代，谁有产品谁为王，即使是假冒伪劣产品依然会有市场。后来，随着产品饱和，市场竞争加剧，竞争便从最初的产品竞争上升为渠道竞争，谁有渠道，谁就能占领市场，如当年的国美、苏宁都是渠道竞争中的胜利者。到现在这个阶段，竞争上升到了更高的层面，即对消费者心智的争夺。企业及其产品需要在消费者头脑中留下清楚深刻的标识，这样，消费者会在需要这类商品或服务时，第一时间想到这家企业。如提到凉茶会想起王老吉，提到去屑洗发水会想起海飞丝等。如果企业没有一个准确的定位，也没有任何品牌效应的加持，即使你的产品摆在消费者面前，消费者仍然会对其视而不见。

企业如果战略不清，股权设计便成了无源之水，无本之木。由于人的精力有限，一生做好一件事足矣。所以我本人及我的团队拿出壮士断腕的精神，舍弃其他法律业务，专注于股权领域，并保持每日精进。

企业想要在某一领域成为权威，亦要保持聚焦，在某细分领域做到极致，做到细分市场的数一数二，使企业有强大的发展后劲。树移来移去难以长大，企业股权没有战略，难以长久。我们应该提前问一下自己，企业的定位精准吗？如果选择这个领域的话在行业中能做到数一数二吗？如果是，恭喜，你的企业股权设计有了好的开始；如果不是，调整企业发展战略，确定企业的定位，才是做好股权设计的基础。

| 股权设计准确，激发企业无限活力 |

现在，越来越多的企业家开始关注股权设计、学习股权设计，并且有一些企业已经可以将股权设计做到真正的“为我所用”。当然，要做到这点很不容易，需要对股权有一个全面细致的了解，也需要把股权设计与企业各方面相匹配，之后才能使股权发挥最大的价值。

在对企业股权进行设计时，一定要对企业未来的发展进行整体规划，了解股权设计的每项内容。比如企业要知道，股权设计不仅指股权激励，股权也不仅是用来变相给员工多发工资的工具。股权更应该是企业用来打市场、打天下的，如果企业可以借助股权拿下市场，就会赢得巨额收益和丰厚的回报，而不是简单的金钱激励。

所以，股权是关于分配企业未来财富的一种有效工具，可以帮助企业激发出更多的活力。张维迎教授讲过一个“杯水和井水”的故事，杯水是存量，喝完就没了，属于财富瓜分；而井水是增量，源源不断的同时，大家也可以共同享用，这属于财富创造。这个道理同样适用于股权问题，股权设计是企业家用来调动大家积极性的工具，用股权团结员工去市场创造财富，在市场里面打一口井，让大家都有水喝。市场很大，也不会完全属于某一个企业家。所以，企业家们要带着员工攻占市场，市场打下之后，企业家负责分配利润给大家。企业家应当有这样的认知，即市场打下来之后，企业家负责分钱给大家，分钱的过程就是股权设计的过程。

每一个企业家都应当是企业的股权设计师，企业家应当有惠而不费的思想，用股权调动员工工作的积极性，用未来利益激发员工的潜能，一起去抢占市场，最后企业会成为这个行业内的王者。这是股权设计最精髓的部分，即企业家用股权调动更多员工的积极性，一起做一件伟大的事情，最后成就彼此。股权的妙用也在于此。

《道德经》第八十一章写道："圣人不积，既以为人，己愈有；既以与人，己愈多。天之道，利而不害，圣人之道，为而不争。"企业家如果有上面这种用股权成就更多人梦想的胸怀和理想，一定会成就企业家个人更大的梦想。

故，不争是为争。

稳定人心，还需合伙制来帮忙

股权设计为企业未来打下坚实基础，而合伙制则是企业发展改革的一种必然趋势。企业发展得好不仅要依靠人才，更需要有留住人才的机制，只有把股权设计和合伙制搭配得当，才能发挥股权设计的最大价值。回顾新中国成立以来的几次重要的经济体制改革，可以发现合伙制在其中起到了非常重要的作用，对我国经济的发展产生了一定的积极影响。

合伙制无疑是企业留住人才的一种比较有效的机制。改革开放之初，中国农村经济一潭死水。为了改变这种现象，农村开始实行家庭联产承包责任制改革，之后，农村的经济开始重新焕发出勃勃生机。这其中转变的关键不是人才能力的提升，而是关于人才的分配机制发生了变化，这种合伙制的形式对激发农民的积极性起到了非常重要的作用。当时实行的家庭联产承包责任制的具体形式就是：按标准交给国家一部分固定的份额后，剩余的都归个人所有。这极大地调动了农民的种粮积极性，是中国农村经济飞速发展的关键。

农村家庭联产承包责任制的成功，为接下来的国有企业改革提供了宝贵经验。在以前，国有企业虽然名义上是国家的，但其实企业内部对谁来具体代表国家的概念是不清晰的。所以，许多国有企业无形中就变成了一小部分人私吞国有资产的小金库，国有企业内部的员工大部分都抱着给国家打工的心态，从上到下的积极性都不高。为了刺激生产，提高国有企业的生产效率，国家对国有企业实行了“抓大放小，政企分开”的全面改革，使企业的所有权开始真正掌握在部分民营企业家手中，企业的经济效益也随之被激活。

在合伙制的帮助下，中国农村和国有企业开始进入一个新的发展阶段。后来，随着改革开放的进行，中国的乡镇民营企业兴起，一批敢于冒险的民营企业家抓住了机会，迅速完成了财富的积累，使中国的民营经济发展焕发出巨大的生机和活力。

进入新时代后，“大众创业、万众创新”的提出为企业指明了新的前进方向，更多有梦想、有进取精神的年轻人加入到创业者的行列，这也让传统的企业家对员工的管理思路有了很大的改变。以往的企业管理更多的是用雇佣制的思想，即员工只是给企业家打工的，做好自己分内的事情就可以了，并不会过多地考虑企业的未来发展问题。这样，在创业大潮来临时，越来越多的员工选择离开企业自己做老板，给自己打工，这种优秀员工的迅速流失让很多企业家感到困惑，并思考出路何在。

而华为公司的有关合伙制的成功运用，就给这些陷入困惑的企业家指明了一条解决问题的出路。华为运用虚拟股，成功地把大部分员工留在了公司，并以此吸引员工努力奋斗，因为他不仅是为公司工作，拥有了一定的虚拟股之后，他其实也是在为自己工作。合伙制的成功运用可以完美地解决员工的动力问题和优秀员工跳槽或离职单干的问题，使企业既避免了“蜀中无大将，廖化作先锋”的局面，也没有成为培养更多竞争对手的“黄埔军校”。

在华为等企业成功运用合伙制留住人才后，相信未来会有越来越多的企业进行这方面的试验。即由传统的雇佣制转向事业合伙人制，将企业变成员工创业的平台，这是未来的企业发展趋势，也是企业家不得不思考的问题。

孟子在《滕文公上》中说过：“民之为道也，有恒产者有恒心，无恒产者无恒心，苟无恒心，放辟邪侈，无不为已。”这句话的意思是说，对于普通百姓而言，有稳定家产的人才能安守本分；而无恒产的人则很难安于本分，于是做事无所顾忌，行事邪罔。这个道理同样也适用于现在的企业，只有让员工感到踏实，让他们在企业中找到归属感，才能让他们更加安心地为企业工作。

综上，在企业经营中，比选出人才更重要的，是做好关于利益的分配机制。在未来，合伙制将是企业所有制改革的必然趋势，也会是企业进行股权设计时所一定要关注的重点内容。

第二章

找准合伙人，让企业走得更顺利

从“合伙”二字说起，看合伙股权对企业的重要性

寻找志同道合的人：合伙就像谈恋爱

“忠”与“患”揭示企业要有核心大股东

找对“梦想合伙人”只需这五步

合伙创业，这几个错误一定不能犯

你的合伙人属于哪一类

合伙创业的长久秘籍

合伙人之间除了合同约束，还得有这一制胜绝招

从“合伙”二字说起，看合伙股权对企业的重要性

在上一章的结尾，我初步提了一下合伙制对于企业进行股权设计的重要性，在这一章，我将进一步探讨合伙制，并结合一些我在工作中接触到的真实案例，让大家可以更好地理解合伙制。

简析“合伙”二字

其实，“合伙”这两个简单的字中就隐藏着合伙关系的秘密，下面是我对“合伙”二字的一些个人见解，希望可以和大家探讨一下。在我看来，古人造字时多讲究的是字本身的象形和寓意，首先看“合”字，从象形这个角度看：下半部分的“口”为下嘴唇，上半部分为“亼”，即上嘴唇。只有把上下两部分拼在一起，才能组成一个“合”字，就像我们在吃饭或说话的时候，其实不会刻意让上嘴唇来贴合下嘴唇，只是因为默契就能“合”。这是不是也意味着，合伙人之间需要高度的默契，才可以完成类似维持机体基本运作的吃饭或说话？

从另一个角度来看，“合”字上面为器皿盖，下面为器皿，盖

子与器皿相合才好，如果盖子大器皿小，或盖子小器皿大，均不可行。故合伙除了要有默契之外，还应该门当户对，这样合伙人之间才能有高山流水遇知音之感。就像林黛玉不会喜欢焦大，老虎和兔子恐怕也很难成为合伙人一样，只有找对了人才能真正做到“合”。

对于企业来说，“合”可以看作是上面一人下面一口，意味着在企业中不仅是让老板有饭吃，而且每个人都要有一口饭吃，才算“合”。上升到更高的高度就是企业不仅可以实现老板的梦想，还能够实现每个员工的梦想。

除了上面这些含义外，“合”还有协调、和谐之义，如太极拳讲究的周身相合就是这个意思。周身相合并不神秘，比如让你提一个重物，刚开始你低估了它的重量，随意一提没有提起来，你可能会想：小样儿，没想到你这么沉！然后你屏息凝神，一用力就提起来了，这就是周身相合的一种体现。企业如果可以做到从上到下一条心，劲儿往一处使，那么企业自然可以不断进步。

说完了“合”字，接下来看一看“合伙”中的“伙”字。首先在《说文解字》里，“伙”字被解释为从人从火，火是人类文明的起源，自从发现了火，人类就开始刀耕火种的生活，告别了野蛮时代，进入了文明时代。上面这种解释是最基础的一种，对于企业来说，火还可以有另一种理解，“火”即人上有两点，这两个小点可以比作小智慧，大家（人）在一起是智慧的碰撞，但必有一人有大智慧，大智慧引领小智慧，才能合伙，一帮人在烤火，如果火都灭了，人就走了。大家合伙共同做一番事业，都是为了抱团取暖，如果每人各怀心事，火就灭了，心就凉了，大家也就散伙了。

重视合伙股权，就是重视企业未来

以上是我对“合伙”这两个字的个人观点，对于企业来说，合伙这个概念一定要弄清楚，这里就牵扯到了合伙股权这个概念。下面，就让我们通过一个小故事来重新认识合伙股权。

有一个朋友给我打电话求助，他开车去焦作，结果走到半路，在服务区休息的时候，车却打不着火了，问我有没有碰到过类似问题，还让我在老家帮他找个熟人，看车出了什么问题。我能想象出他着急无奈的样子，车正常使用时还好，一旦不工作了，反而会成为人们的负担，因为很少有人能一个人推着车走。所以，车的有效运行，离不开车辆各部分的通力协作。如果把创业团队成员比作一部车的话，合伙股权就是保证创业团队有效运转的机制，如果机制出了问题，那这部车就会出现各种问题，甚至导致车毁人亡的结果。

再举一个例子：煜丰汴京烤鸭从一成立，就引入了合伙股权模式，十年来没有核心员工离开，创始员工的月薪也从最初的 700 元，到现在的年分红 20 多万元。煜丰汴京烤鸭创始人顿玉松先生并不满足于此，他的目标是在将来让店里的保洁阿姨也可以实现年分红上百万元。

通过这两个例子，我相信大家对于合伙股权已经有了一定的认识。综上，我认为合伙股权将是中国第三次分配制度改革，第一次是农村的家庭联产承包责任制改革，国家让利于农民，实行包产到户，把农民的积极性完全调动了起来。第二次是国有企业改革，发动了具有企业家精神的精英人士，调动了企业家及私营企业主的积极性。

合伙股权作为第三次分配改革，不仅要调动企业家的积极性，还要调动其他共同创业者和员工的积极性，把员工变为企业的主人，让企业内部生产力获得更大的解放。

鉴于合伙股权的重要性，我们的小武合伙股权团队提出了与之相配的合伙股权设计方案。方案分为三个部分：第一部分是创始股东之间的合伙股权设计，涉及创始人之间如何分权，如何分利；第二部分是创始人把企业做大之后，如何给予员工股权，变员工为合伙人，告别雇佣时代，走向合伙制时代；第三部分是如何使外部投资人成为企业的合伙人，助力企业做大做强，将企业带向资本市场。

因为合伙股权还涉及很多的法律专业问题，如《中华人民共和国公司法》《中华人民共和国合伙企业法》《中华人民共和国合同法》《中华人民共和国民法通则》《中华人民共和国劳动法》《中华人民共和国物权法》《中华人民共和国婚姻法》《中华人民共和国继承法》等，所以在设计股权设计方案时，也要考虑其中的法律条文是否符合规范，企业和个人权益是否能得到有效保护等问题。这也和我们小武合伙股权团队的目标一致，即：让企业的合伙股权分配合理合法，确保股权基因优良，最终达到企业长治久安。

| 寻找志同道合的人：合伙就像谈恋爱 |

在给企业做股权设计的实践过程中，我们发现合伙关系其实和谈恋爱有诸多的相似之处，并且也讲究段位级别。

先讲一个我与我的合伙人武宗章的故事。

我之前写过一篇文章《感恩我的合伙人——武宗章先生》，讲述我和宗章之间合伙的故事，不少读者看完后很羡慕我们的合伙关系，其实在真正的合作过程中，我们也有许多的争论和摩擦。

我和宗章已经合作了近15年的时间。2002年，我俩一见如故，彼此怎么看怎么“美”，有时一打电话就是一个多小时，联系次数的频繁甚至把我周边的人都给震惊到了。

当然任何事情并不会一直如想象的美好，偶尔我俩也会发生不愉快。记得在2012年的一次合伙人会议上，宗章呛了我几句，具体内容我不太记得清楚了，当时现场有点儿尴尬。我当时感觉特委屈，因为我没有私心，都是为了工作，为了这家国银律师事务所我付出了这么多，他怎么能不理解我呢？为此我郁闷了半个月，其间几乎没有和宗章说话。

后来我在北京原乡听泊爱慈善基金发起人向水师父的“幸福着做企业家”的公益课时，他讲了亲密关系的五个阶段，我一下子就释然了。我和宗章出现的问题其实很正常，所以我当场给宗章打电话，告诉他我从北京回去后想请他吃饭聊聊天，他说：“你请啥请，我请你。”我当时心里就觉得涣然冰释。

见面后，我向宗章表达了我内心真实的想法。经过沟通，我发现宗章根本就没有把开会的事记在心里，他不是故意和我对着干的，这只是一个无心的误会。这件事之后，我们两个达成了一个共识，有任何自己觉得心里不舒服的地方，一定要及时互相沟通，让误会矛盾可以在第一时间得到化解。

直接沟通这个原则一直应用于我们后来的合作中。现在我们依然坚持这个原则的理由是：任何事情都没有绝对的对与错，只是观点和角度的不同造成了这种差异，每个人都会站在自己的角度思考问题。只有我们和合伙人之间保持良好的沟通，并及时交流不同的看法，才能真正做到面和心和，也才能齐心合力，共同促进企业的发展和进步。

由于我自己的亲身经历，觉得合伙关系对于企业的重要性不言而喻，因此总结了合伙关系产生发展的五个阶段，分别是：

（1）合伙浪漫期。

合伙关系刚开始的时候，彼此会有一种终于找到知己的感觉，就像我和宗章，发现的都是对方的优点，连宗章喝多了酒，我也会觉得那是男人气概十足、豪爽大气的表现。这个阶段，彼此有“酒逢知己千杯少”的感觉。

（2）权利斗争期。

合伙人相互了解一段时间后，大部分会因为彼此的世界观、人生观的不同而产生矛盾和冲突。比如我发现宗章有爱迟到的习惯，这点我也说了他不止一次，有时我也会对他感觉有点儿失望，也当面指责过他，当我试图去改变他，结果又失败时，报怨就自然而然地出现了。

但事实上，宗章并未因不守时而影响他的发展，反而做得越来越好，后来我也就接受了他的这个缺点，不再把焦点放在他的不守时上，而是更多地去关注他身上的优点。

在合伙权利斗争期，合伙人之间尤其要注意讲究规则，不搞人身攻击，不使用武力，要以积极的心态保持沟通，不刻意躲避，真诚待人，以赢取整合期的到来。

（3）合伙整合期。

到了整合期，合伙人会在了解后承认“对方不是我，我也不是对方”，我有我的优点，也有我的不足。因为每个人都存在差异，都是独一无二的个体，世界才能如此缤纷多彩。合伙人双方通过接纳和尊重对方来释放自己的活力与能量，也避免持续受困在不好的情绪中。

合伙人需要敞开心扉进行对话，并通过对话让双方呈现自己真实的状态。合伙人在这个阶段的特征是独立、有创造力，并因性格的差异而让团队更有活力。

（4）合伙承诺期。

合伙人在充分沟通后开始整合，彼此发挥自己最大的特长，并对合伙关系做出坚实的承诺。尽管权利争夺的问题依然会存在，但彼此因为已经达到充分信任，所以目标明确，方向一致。

就像我和宗章对未来充满信心，承认彼此的差异并尊重对方。承诺最初是由我们俩过去的经历决定的，现在，我和宗章之间通过更深刻的亲密感和信任感建立起更加坚实的同盟合作关系。

（5）共同创造期。

我和宗章通过交流、合作，彼此充分信任，共同奋斗，体验到合伙关系的美好。未来我们的合伙关系，可能还会经历新的斗争期、整合期，由于我们目标一致，所以应该不会出现大的原则问题。

“好兄弟，一辈子！”这句话送给宗章，我的好兄弟。

合伙关系是不断变化着的，最终结果取决于合伙关系中的你及你想去往的方向。其实，合伙人的相处过程很像人们谈恋爱，由最初的动心，到相处过程中产生分歧，再到互相体谅融合，最后相伴包容，幸福地一直走下去。

此外，作为合伙人，最重要的就是和对方坦诚相待，要体现出自己的价值，也要肯定其他合伙人的价值。

比如父母与子女的关系。父母可以为了子女呕心沥血，抚养孩子长大，培养孩子成人，由于血缘关系，父母会不计回报地对子女付出，而子女则对父母永远怀着一颗感恩的心，并在恰当的时候回报父母。亲情所体现出来的是更为高级的价值交换，里面还包含有人类最宝贵的情感。

朋友亦然，一般人的人际交往圈子，最里层是亲人圈，第二层是贵人圈，第三层是同事圈，第四层是朋友圈，第五层是熟人圈。亲人是血缘关系，也存在一定的价值互换，像《增广贤文》中说“贫居闹市无人识，富在深山有远亲”，也是这个道理。大多数人都会想和贵人圈的人交往，而不会很看重普通的朋友或一般的熟人，因为人们觉得贵人更有价值，所以更愿意和他们交往。

合伙人之间的关系亦不例外。如果合伙人发现一直付出却得不到相应的回报，即价小于值，且其他合伙人对他的帮助不大时，他就不愿再付出了。合伙人的关系，本质上就是一种价值交换。如果得到的价等于值，或大于值，他们就愿意付出；如果价小于值，大多数人就不愿意付出了。价与值之间很难画等号，所以合伙人相处起来就显得困难重重，故有叹“生意好做，伙计难搁”之困惑。

如前所述，《道德经》第八十一章中的语句道出了“付出”的真理：一方先付出，让对方觉得有价值，他就会选择和这一方进行交往，这一段关系也就会顺利地获得。如果双方可以继续彼此互相付出，这段关系就会进入良性循环。反之，当一方一味索取，如乞丐伸手向他人要钱时，对方便会觉得吃亏，就会选择逃离，这段关系可能也就到此终止了。

那么，为了合伙关系能够长久，你是选择先付出还是先索取呢？

|“忠”与“患”揭示企业要有核心大股东|

“家有千口，主事一人”“国不可一日无君，家不可一日无主”这些脍炙人口的名言警句，无时不在提醒创业者们，企业需要确立核心大股东。

对于这个问题，我打算以这两个字为开始：忠与患。一个“中”加一个“心”组成忠心耿耿的忠，两个“中”加一个“心”是祸患无穷的患。试想一下，家庭中如果夫妻二人以一人为主心骨，彼此相互谦让，家庭美满。如果两个人各自把自己作为主心骨，设立两个中心，那就会发生矛盾，生活也会跟着乱套。

我们接触过的企业创始人之间的纠纷，多因股权分配比例不当引起。这些纠纷中的创始人股权比例分配大多为两个人各 50%；三个人各 33.3%，或者 30%：30%：40%；四个人各 25%；五个人各 20%。企业股权比例的完全平均分配，看似公平，实则极不合理。

在企业中，员工因能力不同，工资待遇必然不同。而在合伙过程中，每个人成长速度不一样，对企业的贡献度也不一样，如果大家分的钱一样，则会出现创业合伙人刚开始个个热情高涨，干着干着，能力强的人就不愿意卖力干了，结果就会应了那句俗语：一个和尚有水吃，两个和尚抬水吃，三个和尚没水吃。每个合伙人都认为自己出了最大的力，获得的却不是最多的，就会感觉自己是受害者，便纷纷撂挑子不干，或消极怠工，最终结果只能是企业成了最大的受害者。

我们在实务中，一般建议创业企业必须要设立核心大股东。如马云之于阿里，任正非之于华为。核心大股东对企业拥有绝对的控制权和话语权，赚钱时可以分到最多的钱，赔钱时相应的也应该赔得最多，这样才能够充分调动核心大股东的积极性，带领企业在正确的道路上持续稳定的发展。我们的经验是：创业核心大股东的股权比例要 1 ＞ 2+3，即大股东所占的股权比例大于另外两个股东之和，这是最理想的股权分配状态。如果有 4 个合伙人，就按 1 ＞ 2+3+4 来分配股权，以此类推。

企业有了核心大股东，才能掌好企业的舵，并在市场的汪洋大海中一路前行。

| 找对“梦想合伙人”只需这五步 |

电影《梦想合伙人》的热映使人们又重新燃起了对合伙人这个话题的关注，相信每个创业者都想找到和自己合拍的梦想合伙人，平时我也不断接到关于合伙创业、合伙纠纷的法律咨询。其实想要找对合伙人并不困难，合伙与结婚也有颇多类似之处，以下面这五点为标准，相信你也会找到适合你的梦想合伙人。

（1）互补性。

两个人结婚，不仅是为了满足彼此的情感需求，而且也想要从这段交往中获得不一样的收获。故创始人和合伙人也需要在不同的领域各有所长，相互弥补。为了尽量减少因合伙人离开产生的损失，在最初选择合伙人时，应当避免资源高度雷同，因为合伙人资源雷同极易导致合伙人的分崩离析。

理想的合伙人应该各有分工，各有所长。如一方负责产品的生产制作，另一方就负责产品的市场营销。这样，负责产品开发的人可以专心开发出好的产品，而负责销售的人也可以把产品卖好。合伙最好的模式是 1+1 大于 2，当 1+1 不能大于 2 的时候，这家企业可能离散伙也就不远了。

（2）价值观一致。

价值观应该是一种彼此都认同的观念，通俗来说，就是对什么可以做、什么不可以做的观点。如夫妻一致认为应该孝顺父母，应该避免对孩子采取家庭暴力等。在合伙之中，最关键的是拥有相同或相近的价值观，有共同的认知和追求，对创业的态度、公司未来的愿景都有高度的默契，这样合作起来才能如鱼得水。比如《西游记》中唐僧师徒五人的合伙，他们的愿望都是通过西天取经来实现成佛，尽管要历经九九八十一难，但由于师徒有着相似的价值观和共同的追求，最终得以共渡难关，取经成功。

（3）共同经历。

林黛玉是不会爱上焦大的，古人称之为门不当户不对，究其根源在于二人生活经历不同，彼此很难理解对方的感受。按照马斯洛的需求层次理论，因为林黛玉和焦大追求的阶段层次不一样，焦大在温饱线上挣扎，属于第二层次安全上的需要；而林黛玉则追求爱的归属，在意的是个人内心的感受，属于第五层次自我实现的需要。因为没有过共同的经历，不能做到感同身受，这对夫妻来说无疑是一个大的隐患。

在合伙关系中，共同或相似的经历让双方知根知底，彼此熟悉，进而拥有超乎他人的默契和情谊。特别是对事物的认识，现实中很多培训班毕业的同窗很容易一起合伙创业，原因就在于彼此有共同经历和共同语言。

（4）两人为佳，分清主次。

婚姻是两个人的结合，这是法律规定，也是伦理道德。那创业呢，根据我看到的及结合我本人的经历，我认为，在早期创业时，合伙人不要过多，以两人为佳：一个为核心创始人，一个为联合创始人。这样的组合产生了许多的商业合伙佳话。如史蒂夫·乔布斯（Steven Paul Jobs）和斯蒂夫·盖瑞·沃兹尼亚克 (Stephen Gary Wozniak)、比尔·盖茨（Bill Gates）和保罗·艾伦 (Paul Allen)、拉里·埃里森 (Larry Ellison) 和鲍勃·迈纳（Bob Miner）、拉里·佩奇（Edward Page）和谢尔盖·布林（Sergey Brin）等。在中国，如华为的任正非和孙亚芳，海尔的张瑞敏和杨绵绵等，都是堪称经典的双人搭配组合。当然，两人中也需要分清主次，一定要有一个做决定的核心老大，他相当于是公司的主帅和舵手，由他做重要的决策，并带领公司往前走。

（5）选择合伙人的标准。

每个人谈恋爱、结婚可能都会有自己的标准，如身高、体重、年龄、教育程度、工作状况、家庭背景等，这些标准会影响你最终与谁结婚的决定。

那找合伙人应该关注哪些方面呢？首先，从合伙人个人情况来说，高智商、高情商、精力充沛和拥有健全人格的优秀人选是人们在找合伙人时的最佳标准，虽然这种人不常见，但我们依然可以朝这个目标和方向努力。这样核心团队在一起时，因为水平相似，便可以齐头并进；其次，合伙人之间能够平等沟通，擅长主动挑战和有信心迎接挑战；最后，合伙人需要做出长期承诺，能共同坚持一段时间，比如至少 3 年内能够风雨无阻，同舟共济。此外，合伙人还应具备精进、利他等精神，明确彼此在一起的目的就是为了携手做出一番事业，共同实现梦想。

当你找到觉得合适的梦想合伙人后，在洽谈合伙事宜时，不妨更加深入地了解一下。如合伙人有多少资产，他对自己的个人规划，他想要实现什么样的目标等。如果公司出现亏本，合伙人可以和创始人一起扛多久，是否一碰到困难，就会撒腿逃跑或是一个怕困难、把自己的头埋进沙土的鸵鸟。合伙还需要彼此有背靠背的信任和决心，以便共同奏出一曲强劲的、有生命力的命运交响曲。这些问题在谈具体合作事项前都要与合伙人商量好，尽量避免在企业运营过程中出现。

综上，我衷心希望，每个人都能在创业之初，找到属于自己的、理想的超级梦想合伙人。

| 合伙创业，这几个错误一定不能犯 |

虽然前面已经讲了很多怎样找到合适的合伙人的方法，但相信大家在实际应用中还是会出现一些问题和困惑，下面就通过一个案例，来看合伙创业时人们必须避免的几个错误。

案·例·分·享

7 个人一起创业，为何最后只剩两人

我们之前服务的一家管理企业，出现了一些合伙人的纠纷。这家企业刚开始创业时有 7 个合伙人，经过短短 3 个月的时间，就只剩下两个合伙人了。为什么当初信心百倍、满怀激情的合伙队伍这么快人就都要走光了呢？

首先让我们简单了解一下这个案例的背景。这 7 个合伙人都是老乡，通过老乡会认识后就经常在一起聊天、喝茶，关系比较融洽。后来，这 7 个人当中的老乡会会长想发起一个项目，这个项目他比较熟悉，觉得有能力做好。于是便召集其他 6 个人一起开会，讲了项目规划和思路，其余 6 个人一致认为这个项目前景非常好，又因为大家都是老乡，彼此有一定的信任基础，就凑钱开始一起创业。

在创业过程中，合伙的 6 个人发现，这个老乡会会长虽然将项目前景描绘得非常好，但是在实际合作过程中还是产生了一些问题。而这个会长有时会缺乏包容心和耐心，在处理问题

的时候比较过激，大家为此发生了很多不愉快，团队内部也慢慢开始产生动摇，合伙人一个接一个地离开，最后只剩下两个人。

其实在最初他们7个人一起找我们做咨询，我们帮他们设计合伙方案时，谈到过这么一个问题：你们现在想合伙做项目，但其实是缺乏信任基础的，尽管因为老乡的关系而有时聚会，但还是缺少一起共事的经历。人与人之间的有关事业方面的信任是需要共事才能建立起来的，你们的信任基础比较薄弱，不算是最佳的合伙人，并且合伙人较多，比较容易在实际工作中出现各种分歧和争吵，因此创业团队一般建议以3个以内的人数为宜。

这是我们最初给他们考虑到的问题，现在不幸被言中。究其原因，主要在于人数较多的合伙有一个弊端——做决策或订计划的效率非常低，在大股东缺少话语权的情况下，极易造成决策久议不决的现象。

通过这个案例，加上平常我们处理的其他合伙纠纷，我总结了三点合伙创业时容易出现的错误，提醒大家注意：

（1）充分了解，切忌草率合伙。

在进行合伙之前，需要问自己下面几个问题：

你对项目的发起人是否充分了解，对他是否有充分的信任？

你对于合伙创业的项目本身，是否已经全面了解，是否信心坚定？

你合伙做这个项目，是纯粹为了挣钱，还是出于自己的爱好、自己的热情？

万一这个项目在经营过程中出现困难，你能否坚持到底？

创业需要人们怀着一种近似于朝圣的心态去坚持，很难有人做一件事情一开始就获得成功的。对于项目的发起人来说，更应对这个项目做到全面充分的了解，这样在找合伙人时才会更加有底气，也会吸引到更有实力、更志同道合的合伙人。

（2）拒绝盲目崇拜。

在这个案例当中，因为项目的发起人是老乡会会长，加上他本身有些职务，身上有些光环，所以其他 6 个人在开始时对他是极其信任和崇拜的，但他们并不是十分了解他的工作风格和水平，这为后来的分裂埋下了隐患。在后期的合作过程中，其他 6 个人逐渐发现他的缺点后，分歧自然就不可避免了。当你真正走近、了解一个人后，你会发现他的处事风格未必是你想象中的样子。我们在进行合伙创业时，一定要考虑到这个问题，光环一旦褪去，你还能和他进行平和的沟通交流吗？所以，在项目合作过程中，切忌对合伙人盲目崇拜，而要更多地从项目本身来考虑问题。

（3）合理资源互补。

在这个案例中，7 个人的资源里有很多是雷同的，大家都参与经营管理，没有一个很好的分工。各自的特长不是很明显，容易造成资源浪费，也会造成内部的掣肘。所以我们的建议是，在项目的合伙过程中一定要资源互补，这样才能真正做到 1 + 1 大于 2，大家之间互惠互利，真正的各司其职、各尽所长，这样的合作才是效益最大化的，资源互补才能产生最好的结果。

| 你的合伙人属于哪一类 |

据我总结的经验，现在合伙有“四同”现象：第一年，同心同德；第二年，同床异梦；第三年，同室操戈；最后一年，同归于尽。虽然有很多合伙人在开始时亲如兄弟，但最后都会落得一拍两散的下场，为什么会出这种现象？这是我一直在思考的问题。根据这种现象，我总结出了几种不同的合伙人类型，遇上不同的合伙人，你和你的企业会有完全不同的命运。通过我下面的分享，或许你会找到答案。

（1）利益合伙人。

这种合伙人的想法很简单，就是一个人干很累，于是大家合伙一起干。在合伙过程中，彼此都设定严格的薪酬标准，诸如底薪、绩效、考核工资、提成、年度完成任务激励或年度利润分享、收入不搞平均主义等等。这种合伙人奉行的原则是，有利益就在一起，没有利益就散伙，正所谓：天下熙熙，皆为利来，天下攘攘，皆为利往。

这种合伙的优点是能充分调动每个人的积极性，缺点是合伙人彼此缺乏文化认同，过分强调公平。此种合伙人我称之为利益合伙人。比较典型的例子是滴滴司机与滴滴公司，滴滴司机干一单挣一单的钱，不干就没有，两者的薪酬划分很明确。

（2）事业合伙人。

合伙合的是人心，合的是理念，大家在一起优势互补，彼此包容，取长补短，共同做出一番事业。合伙要的是利益，但不能完全唯利益论。合伙人需要注重企业的文化建设和企业的长远发展，注重人才培养，注重能对社会做出何种贡献。创业的出发点不能单纯考虑自己的利益，还要考虑能否满足对方的需求。

比如，喜家德水饺的“358”合伙模式把老板、老店长、新店长各种角色黏合在一起，彼此之间形成了事业共同体，并最终成功达到了合作共赢的目的。

（3）命运合伙人。

在《西游记》中，唐僧师徒的组合就是典型的命运合伙人，彼此谁都离不开谁。只有大家一起努力，才能共同实现西天取经的梦想。

生活中比较典型的例子是夫妻合伙创业，虽然彼此贡献的程度不同，很难衡量出哪个人的贡献大一些，但夫妻二人的目标是一致的，都是为了家庭好。父母和子女的关系也是如此，这样的组合算是最稳固的搭配。

我做出这样的划分，是希望让每个合伙人都能对自己的合作伙伴有一个清晰的认识。按照马斯洛的需求层次理论，这三种合伙人分属于三个不同的维度：物质的维度、归属的维度和自我价值实现的维度。划分清楚合伙人的层次后，彼此就不用再纠结。如果是为利益的合伙，大家就好好挣钱，挣不到钱极有可能面临散伙；如果是事业合伙人，那么合伙人之间的关系和紧密度会高一些；如果是命运合伙人，遇到了，当好好珍惜。

当然，从利益合伙人到事业合伙人，再到命运合伙人之间是可以转化的，关键点是人心，是付出，是利他，付出越多，也会得到越多。

所以，准备创业的你想要什么样的合伙人，就向什么方向进行努力吧。

| 合伙创业的长久秘籍 |

有不少上过我的“合伙股权设计方案班”的学员，会跟我分享他们的创业经历。下面就和大家分享其中一名叫王嘉辉的学员的创业故事，看能否给你带来一些启发。

案·例·分·享

校友三人合伙，为何会匆匆结束

校友合伙开店

在上大三时，王嘉辉与两位校友高强、蒋明一起创业做化妆品零售，三个人平均每人出资6万元，目标是做成化妆品连锁店。他们先做了第一家示范店，以便探索模式和经验。三人约定，每人出的钱数相同，由于高强拥有化妆品的零售经验，并且已经在着手准备，故占34%的股份，算是大股东，王嘉辉和蒋明各占33%的股份。三人当时只是校友关系，彼此之间并没有很深的了解，但都感觉有着共同的理想和目标，而且都认同只有合作才能成功，于是便选择了合伙创业。

矛盾冲突不断

合作没多久，一系列的问题便出现了。三位合伙人的许多观点均不一致，刚开始大家还能互相忍着，以对方的看法为主，但忍让总有一定的限度，到某个点后就会爆发。比如开第一家店时的装修问题，有的说要简单装修，降低成本，只要卖的商品物美价廉，顾客就会认可；有的说装修必须要上档次，不然别人就不会认可我们的产品，也不会认为我们卖的是真货。

合伙匆匆结束

装修事关第一家店的成败，三人各不相让，王嘉辉和蒋明观点一致，但和高强的不同。大股东说他的股份最多，要听他的，王嘉辉说他和蒋明两个人的股份加起来比高强多，听高强的不对。就这样僵持了好几天，包括之前的各种小问题的观点和看法，三人都不太一致，王嘉辉认为这样不可能成功，甚至会断送三人之间的友谊，于是三人合伙宣告解体。

（关于案例中学员王嘉辉的股份究竟如何分比较合适，可以参考我的《五个人合伙创业，股份怎么分比较合理》一文）

创业是艰辛的，也是极其不易的，现实中创业成功的概率很低。纵观我们服务过的成功的合伙创业案例，有些规律值得创业者借鉴。

（1）核心大股东要有眼光与担当精神。

创业的本质其实是相似的，就是一群人在一个人的带领下，共同做一件自己喜欢的事情，进而实现自己和团队成员共同的理想。

故团队在决定做事情之前，核心大股东应拥有超前的眼光，能看到前方 500 米、5000 米或 50000 米的企业发展方向。核心大股东应视野广阔，对行业洞若观火，对趋势了如指掌，能够直击行业痛处，聚焦一点，定位精准，而非事事都想做，却事事做不好。

例如，喜家德虾仁水饺的高德福，创业之初就明确了企业只卖五种饺子馅的规定，并最终成功在全国开了超过 420 家分店；锡笼记小笼包的高锡东，开业至今只卖两种馅的包子和一种馅的馄饨，目前企业的发展势头良好，并成为行业里的楷模。核心大股东应知道自身团队的优势和劣势，确定能做什么，不能做什么；也应发扬务实精神，靠梦想、靠愿景来感召团队前进的方向，这样团队才会有凝聚力，只有团队才能协助其实现梦想；此外，他还应具有比较强的包容力和引导力。在核心大股东的引领下，成员间坦诚、简单、少内耗、自管理，分担责任、共享成果。反观上述案例，在王嘉辉的团队中谁是大股东呢？事实上，这种大股东不明确的创业团队，鲜见成功。

（2）合伙人——选择与信任。

一个人即使是铁，又能打几颗钉？现在是合伙创业的时代，每个人的优势都不一样，优势互补才能创造更大的成果。

合伙人都应明白“独木难成林”的道理，明白人与人之间有差异属于正常，正因为有差异才尤显合伙的重要性，如《西游记》的取经团队，各有所长且不可或缺。团队成员之间在沟通时，应时刻保持简单、实事求是、求同存异的总方针，坚持该坚持的，放弃可以放弃的。

合伙是团队而非团伙。既然选择了团队，就要充分信任对方，坚信唯有在优秀的团队，自己的命运才可以更好地得到改变，自己的梦想才可以更好地得以实现。团队成员要懂得，付出越多，得到就会越多。团队成员如果都互不相让，坚持己见，遇事争执不下，缺乏长远考虑，最终就是案例中王嘉辉合伙失败的结果。

（3）善于制定规则。

中国人从不缺江湖义气，但缺规则意识。规则就是企业创立前先谈好团队成员的分权和分利内容，制定合伙过程中如果出现分歧，意见难以调和时的决策机制。

由于中国的《公司法》一直到1993年才制定发布，推行时间尚短，人们的规则意识淡薄，仅仅知道出多少钱占多少股，不懂得创业初期，不仅可以对钱定价，还可以对人定价，对影响力定价。而且股权也一直处在动态调整的过程中，并非一成不变的僵化制度。此外，合伙人还可以预留一些股份，对贡献大的人进行动态奖励。

| 合伙人之间除了合同约束，还得有这一制胜绝招 |

一个客户曾经问我：“耿老师，如果我的股东曾是我最信任的人，知道我公司的全部秘密，现在他可能会出去单干，有什么办法能防患于未然呢？”

我的回答是方法有两种：

第一种，参见我写的文章：《不得不知的六大退股条款（创业者必读）》，本节不做展开。

第二种，我想用“吸引”这个观点，来表达合伙人的关系。

先看一个自然现象：太阳吸引地球，地球吸引月亮，原因就在于太阳的质量比地球大，引力就大，同理地球吸引月球也是如此。人在地球上，本事再大，也无法跳出地球，这是地球对人的引力，也叫作吸引力法则。

合伙人之间的关系也符合这个道理，合伙人之所以不离开公司，主要是因为利的吸引、名的吸引、道德的吸引、未来梦想的吸引；如果合伙人想要离开，是不是因为公司某一方面的吸引力不够了呢？所以，要想减少合伙人的流失，核心大股东要想方设法提高自己的吸引力，只有大能量的物体，才能吸引小能量的物体；只有大海才能承载航母，小河根本满足不了航母的需求。

想要提高核心大股东的自身吸引力，主要有下面六个方面的内容：

你有才；

你有权；

你有德；

你有钱；

你有吸引他的东西，关于他未来的梦想；

利他，且对对方有用。

只有核心大股东不断精进，自身的吸引力才会更强。中国有句老话说得好：道不同，不相为谋。如果企业的核心大股东能够明白这样的道理：有吸引，但未必都被你吸引；有约束，但又不必过分约束。如此，合伙关系一切坦然，如果关注的焦点都在防范方面，可能会适得其反。

第三章

成立之初，企业需把控股权风险第一关

注册资本选择有风险，投入成本要谨慎
注册企业，“认缴”与“实缴”究竟哪种更合适
注册形式的选择决定企业未来发展
法人、法定代表人、法人代表，别再傻傻分不清
初创企业股东要格外注意这几点
初创企业如何分清“责权利”

｜注册资本选择有风险，投入成本要谨慎｜

经常有创业者问我：如果我想成立一家公司，注册资本选择多少钱比较合适？应该选 100 万元人民币还是 1000 万元人民币？

这个问题对于初创企业也很重要，是企业把控股权风险的第一关，因此也需要创业者更加谨慎。根据我的经验，企业注册资本的选择需要考虑以下几点内容：

第一，原《公司法》规定企业注册资本实行实缴制，新《公司法》自 2014 年 3 月 1 日起实施后，把实缴制改为了认缴制。实缴制与认缴制的区别很大，实缴制要求必须把全部资金打到企业账户上，所以，以前有人可能会找代理公司记账，到账之后又将资金抽逃，以此完成注册；修改后的新《公司法》则将实缴制改为认缴制，企业的合伙人按照认缴的不同比例分别向企业投入资金，只需提供银行出具的进账单原件即可，不再强制验资。通俗来说，就是你认缴一定数额的资金后，只要在你写明的最晚期限内将全部资本注实即可。

第二，认缴制不等于任性制。企业认缴的各种资本一定要在期限到期前补齐，如果企业将来资不抵债，那么法院就会让注册的股东在认缴的范围内承担连带责任。所以如果认缴的资本过大，将来有可能出现资不抵债，股东承担连带责任的情况。

第三，如果在融资的时候对企业资本估值过高，新的股东会要求企业将原来的资本补实，这有可能会给企业带来极大的财产压力。我们碰到过一个融资案例，这家企业原来的注册资金是 5000 万，新找的客户给这家企业估值一个亿，客户将钱投进来后，要求企业将原来认缴范围内的资本全部补实。这对于融资方来说压力非常大，几乎不可能完成。所以，认缴资本过高对于新公司来说未必是有利的，在和新的投资方商定投入资本时一定要注意这个问题。

第四，法定公积金项。新《公司法》规定：每年应当将资金税后部分的 10% 留做法定公积金。当法定公积金达到注册资本的 50% 时不再提取。如果企业的注册资本过高，这一项提取的金额就会过大，有可能影响到企业初期的资金运转和风险控制。

综上，我的观点是初创企业的注册资本不是越高越好，而应当量力而行，适合企业规模的资金就好。当然，随着企业规模的不断扩大，如果需要增加注册资本，也可以根据实际情况，用不同的方式来做。比如将企业的盈余转为注册资本，或者再追缴注册资本，都可以有效地使企业的注册资本得到扩容。这样既可以减少创业初期因注册资本过大而造成一些不必要的麻烦，也可以使企业更加从容地根据自身发展情况制定合适的资本投入方案进行扩充。

企业除了需要注意注册资本的选择外，还需要注意注册资本与投入资本之间的比例选择，以及后续的工商注册问题。

我们的股权团队服务过一家在北京从事少儿钢琴艺术培训的企业，这家企业的注册资本是 10 万元，股东为两个人。后来有投资人看好这个项目，认可这家企业的商业经营模式，并决定投入 100 万元的资金。投资人以 100 万元入注到注册资金仅为 10 万元的企业里，这里存在一个不小的难题，如果 100 万元全部变成注册资本，那么原来的两个股东会瞬间变成小股东，也就会失去对公司的控制权。

这里涉及一个概念，即投前估值和投后估值。以上面这家企业为例，如果投资人注入 100 万元的资本后，企业估值为 500 万元，则相当于企业原来的估值为 400 万元；如果投资前企业估值 500 万元，则投资人投入 100 万元，企业的估值变为 600 万元。很明显，上面的这家企业可以按照投前估值 400 万元来计算估值，投资人注入 100 万元后，则只会占公司 20% 的股权。

换个角度来分析这个案例，在市场监督管理局的操作方法具体如下：

计算公式：$x / (x + 10) = 20\%$

即 x=2.5 万元。投资人投资款里面的 2.5 万元会进入公司的注册资本，剩下的 97.5 万元要全部进入公司的资本公积金。即企业引入了 100 万元的投资，但其注册资本的增加额度并不大，而是把投资金额的大头放到了企业的资本公积金里。公司账户的 97.5 万元也就可以用于正常的生产经营，如果企业的原始股东想拥有控制权，就一定要注意，在企业和投资人谈注入资本的问题时，把投前估值还是投后估值弄清楚，并把股权的分配问题妥善处理好，这样会在后期减少很多有关股权归属问题的争论。

在保证大笔资金投入且不影响原始股东股权比例的前提下，如果想让企业的注册资本增加，也是有方法的，常用的就是资本公积金转增注册资本。在案例中，投资款里面有 97.5 万元进入了企业资本公积金账户，如能把这 97.5 万元资本公积金全部转增成企业注册资本，那么企业的注册资本就从之前的 12.5 万元变成 110 万元。这样既可以提高企业的注册资本，现有的股东也不需额外出资，是原始股东可以利用和借鉴的好方法。

资本公积金转增注册资本，具体操作顺序可分为以下 4 步：企业股东会做出决议，修改企业相关章程；聘请专业的会计师事务所出具验资报告；企业将股东会决议、新的公司章程、验资报告备齐；按市场监督管理局的要求，提交变更登记申请材料，到市场监督做变更登记手续。通过这几步，就可以把投资人注入的大笔资金成为地转成注册资本，同时也不影响原始股东的股权比例，是一个非常实用的好方法。

最后，如果企业进行了上述的资本公积金转增注册资本，还需注意随之而来的税收问题，这主要分两种情况：企业是股份有限公司，无论个人股东还是企业股东，都不用交税；企业是有限责任公司，如果是企业股东就不用交税，如果是个人股东则存在争议，最好找企业所在地的税务专管员提前沟通和咨询。更重要的是，即使个人股东要交税，也是股东在未来把通过资本公积金转增来的股本所代表的股权转让出去时，再去完税。

注册企业，“认缴”与“实缴”究竟哪种更合适

在上一节，我们粗略地提到过认缴制和实缴制，对于初创企业来说，把这两个概念分清楚，并选择适合自己企业的制度是初创企业必须做的事情。

（1）关于认缴制、实缴制。

《公司法》在2013年进行了改革，以前的注册资本是实缴登记制，现在是认缴登记制。实缴登记制，即公司成立，股东缴纳注册资本时，需出具验资报告，且实缴的注册资本不能低于全部注册资本的20%，剩余的注册资本，必须在两年之内全部缴清，同时要求股东的货币出资比例，不能低于股东全部注册资本的30%。所谓认缴登记制，即市场监督管理局的营业执照只登记公司所有股东认缴的注册资本总额，不强制要求提交验资报告，取消了实缴制中投资人需出资达企业全部资本的20%、剩余认缴出资两年之内必须缴清的规定，也取消了货币出资不能低于30%的规定。关于出资的时间，可以让股东在章程中和投资人约定好，理论上，即使写100年也是可以的。

（2）认缴制下注册资本是否越多越好。

虽然认缴制中的注册资本跟公司实力、资信状况无关，但并不意味着注册资本可以任意写，也不意味着认缴注册资本可以不用缴纳。只是由原来规定的两年之内缴清，变为股东在章程里自由约定何时缴付，时间可以约定为10年、20年，甚至更长的100年。

企业有认缴注册资本的补齐义务。在公司清算或者解散时，对于认缴而未实缴的注册资本，股东应按其认缴的注册资本进行补齐。

（3）认缴的注册资本越大，股东的责任越大。

股东以认缴的公司注册资本的额度为限，依法承担公司的债务和责任。公司的注册资本越多，股东需要认缴的注册资本就越多，所承担的公司债务和责任就越沉重。

（4）股东分红一般按实缴分红而非认缴分红。

《公司法》的一般原则，股东按照实缴的出资比例享有股东权益，即使股东认缴数额较大的注册资本，但如果没有实缴，就会影响到他的股东权益，包括分红权、表决权，以及剩余财产分配权等。只有一个例外，就是法律规定如果股东之前有约定，那么股东分红按照其约定执行。

（5）根据不同的投资类型决定注册资本的多少。

根据股东的实力及公司的实际需求而定，量力而行。如股东有 50 万元，公司刚好需要 50 万元，则把注册资本做成 50 万元，而非 500 万元。如果法律对公司注册资本或实缴注册资本有特别要求的，则另当别论。

投资人的投资。像前面举过的例子，前期公司注册资本过小，后期有大额投资进来时的处理方法，因为前面已经讲过，这里就不再细说。

无形资产的投资。法律允许股东以专有技术、专利等无形资产出资，但必须对股东用于出资的无形资产进行评估，并依法将相关无形资产的所有权人变更为公司后，即视为完成实缴注册资本的义务。

注册形式的选择决定企业未来发展

初创企业根据类型、体量的不同，分为以下几种形式。

（1）个体户。

个体户设立起来比较容易，税赋相对较低，有的还采取定税的方式，因此是应用比较宽泛的一种创业企业形式。个体户也存在一些风险，一旦出现较大债务，设立个体户的个人还要以其个人资产承担无限的连带责任。同时，个体户也会给投资人一种不正规、档次低的感觉。

（2）合伙企业。

合伙企业又分为两类：一类是普通合伙，一类是有限合伙。

先看一下普通合伙，普通合伙指发起人或普通合伙人共同建立企业，一旦这家企业对外出现较大债务，普通合伙人承担无限连带责任，对内还要承担按份责任。

另一类是有限合伙，有限合伙又分为普通合伙人和有限合伙人，普通合伙人具有管理权，他的责任等同于普通合伙企业中的普通合伙人。有限合伙人没有管理权，他以认缴的出资为限，承担赔偿责任。现在有很多私募基金管理公司都采用有限合伙的形式，一些上三板或者主板的企业对于员工的持股也多采取有限合伙的形式。

（3）有限公司。

有限公司设立比较容易，公司的管理架构相对比较简单，可以不设董事会和监事会，而且有限公司对于各岗位权利的安排也比较人性化，可以采取同股同权、同股同利，也可以采取同股不同权、同股不同利，还可以采取不同股不同权的形式，体现出公司完全奉行自治的原则。但有限公司也有一个比较致命的缺点，就是对外融资相对比较困难，如果是想开一家大型的连锁企业，那么有限公司可能并不能满足要求。

（4）股份有限公司。

股份有限公司又分为发起设立和募集设立。发起设立的股份有限公司和有限公司相似，但要求必须是同股同权。同时对于公司的组织架构要求比较严格，规定必须设置股东会、董事会和监事会。董事会的人数在 5 人以上，19 人以下。对于一般的初创企业来说会加大成本，也相对麻烦，最麻烦的是里面的权利设置，要求必须是同股同权。还有朋友想企业一成立就上三板或者四板。对于有这样需求的企业，我建议去咨询专业律师，做一个长远的规划。另外，如果你的企业随着规模的不断扩大，有上三板、四板甚至主板的需求，可以进行改造，将有限责任公司改造为股份有限公司。

综上，我们已经大致了解了各种企业设立形式的特点，就可以量体裁衣，根据企业的需求来选择适合的企业形式。比如做服装、小商品批发的，或者做理发店的更适合采取个体户的形式，税费较低并且风险较小。对于几个人合伙办企业，风险不太确定的，建议采取有限责任公司的形式。对于那些自成立之初就有挂新三板或四板想法的企业，可以采取股份有限公司的形式。

所以，每种形式有其利也有其弊，选择那种形式，一方面取决于你的决定，另一方面可以参考专业律师的意见。下面我以个体户和有限公司的对比为例，从不同方面解读创业者应如何根据自身实际情况进行选择。

案·例·分·享

个体户和有限公司的对比

承担责任方式不同

做企业其实有点赌博的感觉，每个企业家都想以小博大，多赚点钱。赌博的方式不同，赚钱的结果自然不同，人们选择不同的企业类型，所得到的回报自然也是不同的。比如你带2000元去国外赌场，一种方式是，你只带2000元，输了坚决不借，以这2000元为准，输完就走。就像有限公司，个人以出资为限承担责任。还有一种，你带这2000元去国外赌场，输了还借，没有底限，只管打条、只管借款，让债主去家里要账，连累家里，甚至倾家荡产，这是个体户的情况。

对外观感不同

个体工商户申请注册时登记手续较简单，费用低，经营起来相对灵活一些，但信用度及知名度比公司要低很多。打个比方，个体户就像你开了一辆奥拓，而有限公司就像开了一辆奥迪，哪怕你的奥拓再新，人家的奥迪再旧，也会让外人感觉奥迪更“高大上”一些。

税收待遇各有千秋

（1）个体户不享受税收优惠政策，不需要会计做账；有限公司则需每个月做账和报税，可以享受税收优惠政策。如果开一家饭店，进货时不一定都能有发票，这时注册个体户比较合适。

（2）有限公司有增值税专用发票，可以抵扣；而个体工商户不可以申请增值税专用发票，只能申请小规模纳税人。个体户在税收方面有先天弊端，如果企业想日后与正规大企业做生意，那么还是建议选择注册为有限公司。

（3）纳税及税收计算方式不同。

个体工商户可以交定税。不论当月有无收入、收入多少，都按定税金额来交税，这对于营业额较好的个体工商户无疑是利好消息。有限公司则要求必须核算健全、要有账目明细，根据自己申报的收入来交税，有收入就交，没有就不交。个体工商户的经营所得只缴个人所得税，有限公司的经营所得既要缴企业所得税，也要缴纳个人所得税。个体工商户采取定额定率征收，有限公司的征税，营业交易环节按发票征税，经营所得环节一般采取核定征收或查账征收两种方式。

（4）公司章程的区别。

个体工商户注册登记时无须公司章程，而有限公司注册时则需要准备公司章程。

相信通过上面对个体户和有限公司的对比分析，创业者们对自己应该注册什么形式的企业有了大致的了解。注册企业作为创业的起始，对于企业和个人都有着非同寻常的意义，只有选择一条适合自己的道路，才能使企业在未来得到更好的发展。

法人、法定代表人、法人代表，别再傻傻分不清

在实务中，很多企业家开始时都会这样对我说：“耿律师，我是企业的法人，我最近……”这时我就会纠正他，说：“法人是公司，而不是一个人，你是公司的法定代表人。”这几个概念从字面上看并不难理解，但现实中却有很多人分不清它们。让我们通过下面的案例，看一下法人、法定代表人和法人代表的区别和联系。

案·例·分·享

法人、法定代表人和法人代表的区别和联系

A公司是一家教育机构，它在市场监督管理局登记的法定代表人是张三，现在A公司要去上海采购一批教具，委派李四前去办理。那么，A公司、张三、李四在这里分别属于什么样的角色呢？

首先，A公司是法人，它能够独立承担民事权利和民事义务。而张三是A公司的法定代表人，法人与法定代表人的区别

就是：法人是一个机构，法定代表人是个人。在生活中我们经常听到有人说我是公司的法人，显然这个说法是错误的。

李四是基于公司的委托和法定代表人的授权而对外处理一些事务的人，他被称为公司的法人代表。法人代表可以不止一个人，他是基于公司的授权而产生的概念。

如果我们假定李四在采购过程中出现人身意外，那么应该是法人A公司承担责任，还是法定代表人张三承担责任？根据法律规定，如果李四是在履行职务过程中出现意外，承担责任的主体是A公司而非法定代表人张三。但现实生活中，有的人可能会要求法定代表人承担连带责任，这个做法是不可取的。作为法定代表人，要清楚这是公司的责任而非你个人的责任。此外，如果张三在对外采购过程中签订的合同出现履行不能，也应该是公司承担责任，而非张三个人承担责任。

还有一个很常见的相关问题是，如果张三超越权限，以个人的名义对外借款，这时候公司应不应当承担责任呢？如果张三对外借款属于非职务行为，公司是不需要承担责任的。所以，作为相对方，你在和某公司法定代表人打交道的过程中，首先要明确的就是他的行为是属于职务行为还是属于个人行为。

综上，法人是一个组织；法定代表人是一个个人，是代表法人对外行使职权的人；法人代表是基于法定代表人授权而产生的，代替法定代表人对外行使职权的人。法人代表可以不止一个，而法定代表人只能有一个。希望通过这样的案例分析，可以让你对这三个概念有清楚的区分。

案·例·分·享

亲戚想让我当他公司的法定代表人，我该怎么办

一个客户曾经向我咨询：亲戚让他去对方的公司当法定代表人，他该去吗？相信很多人也遇到过类似的困惑，这种情况在中国并不少见。

对此，我想用下面的对话来回答这个问题：

1. 你想去吗？

答：不想去，可碍于面子，不好意思拒绝。

2. 你为什么不想去？

答：我怕有风险。

3. 他说过以后会给你好处吗？

答：没有。

4. 你亲戚本人为什么不愿意当法定代表人？

答：不知道。

5. 他公司的经营情况、经营风险你能把控吗？

答：不能。

6. 你不当法定代表人，对你有什么不利后果？

答：没有，只是我不好意思。

7. 你还有什么要问的吗？

答：没有了。耿律师，我知道了，我不当法定代表人了，

谢谢你。

对此，我的感悟是："世上本无事，庸人自扰之。"很多烦恼是我们自己招来的。其实"拒绝"是一种能力，对自己也是一种关爱。何必去承担对自己没有好处，又要提心吊胆的事情呢。天上不会掉馅饼，自己亲戚经营的公司，他不当法定代表人，又不说明理由，你又何必承担这份不属于你的责任呢？更何况，即使是挂名的法定代表人，如果公司有涉及法律所禁止的行为，你也要承担相应的责任。在刑事责任方面，如果挂名的法定代表人不是单位主管人员和直接责任人，则不对其进行处罚，但对你的生活也会造成一定的影响，有可能会涉及民事方面的赔偿。所以，在是否给亲戚的公司当法定代表人这件事上，希望大家能够三思而后行，不要因为碍于面子而给自己招来不必要的麻烦。

附：关于上述问题的相关法律规定

1. 什么是法定代表人？

答：根据我国相关法律规定，法定代表人，是指依照法律或者法人组织章程规定，代表法人行使职权的负责人。公司的法定代表人对内处于公司管理核心地位，对外代表公司，以公司的名义对外实施的行为是公司的行为，该行为的法律后果由公司承担。

2. 在什么情况下，法定代表人应当承担法律责任？

答：根据我国《民法通则》第四十九条规定：企业法人有下列情形之一的，除法人承担责任外，对法定代表人可以给予行政处分、罚款，构成犯罪的，依法追究刑事责任：

①超出登记机关核准登记的经营范围从事非法经营的；

②向登记机关、税务机关隐瞒真实情况、弄虚作假的；

③抽逃资金、隐匿财产逃避债务的；

④解散、被撤销、被宣告破产后，擅自处理财产的；

⑤变更、终止时不及时申请办理登记和公告，使利害关系人遭受重大损失的；

⑥从事法律禁止的其他活动，损害国家利益或者社会公共利益的。

| 初创企业股东要格外注意这几点 |

股东协议

（一）协议中应引起股东注意的几点重要事项

公司成立之初，创始股东之间一定要签订协议，并在协议中明确约定以下重点事项：

第一，出钱的规则。每位创始股东需确定各自出多少资金，什么时候可以确保这些资金到账；如果出现亏损，每位股东的追加出资的原则、时间，以及未及时出资的法律责任。明确约定未及时出资的法律责任尤为重要，如果不制定好协议，最终可能会流于形式，进而影响企业的生存和发展。第二，分钱的规则。股东多久分一次钱，分钱的时候应当遵循什么原则，财务如何做到公开、透明，以及关于财务的管控约定。这一条是股东协议的重中之重，股东之间的许多分歧往往源于“分赃不均”。第三，分权的规则。根据《公司法》的规定，有限责任公司可以约定同股不同权。因此，股东之间还应当确定权力如何分配，是按出资比例还是另有其他约定？此外，应当明确公司是否设立董事会，以及股东会、董事会的运行规则。第四，是否预留股权，以及预留股权的分配机制。

当然，一份完善的合伙协议或股东协议不仅限于这些。合伙协议是股东之间合作的根基，一定要引起股东们足够的重视。

（二）通过代持股协议规避风险

注册公司时，股东大多会用自己的真实姓名注册，这种情况比较普遍，也比较容易操作。但现实中，由于种种原因，在实际出资人不方便出现在公司章程里时，需要找他人成为注册公司的名义股东，而实际的出资人则成为幕后真正的股东，这种情形在专业法律术语上叫“股权代持”。在股权代持的情况下，股东们有必要签订一份完善的代持股协议，以明确代持人（名义股东）与被代持人（实际股东）之间的权利义务关系。由于股权代持存在诸多风险，因此一定要找值得信赖的人作为公司的股权代持人，且需要股东们签订一份专业的代持股协议，以避免后期出现各种危及公司发展的问题。

（三）关于特殊事件的约定

近期，我们处理了这样一起事件：一家公司有 A、B 两个股东，A 占公司 60% 的股份。后来，因 A 在外欠债，已经失踪一年有余。此时股东 B 发愁了，万一公司做大了，A 再出现怎么办？可见，如果事先没有一个明确的约定，造成这种被动局面对公司来说是非常危险的。因此，创始股东在创业之初，就应该明确约定创始股东中途离开后，股权如何处理的问题。这样，在出现这种情况时，就能依照协议约定进行妥善处理。例如，股东可以在协议中约定，股东之间最短的合作期限为三年，创始股东在三年内离开公司的，其他股东可 1 元回购其股份；对于非创始股东在特定条件下离开公司的，创始股东可以用 1 元回购，也可以对其持有的股份补偿相应的价款。

总之，创业需要股东们心怀梦想、一路前行，而制定一份完备的股东协议就是为创业加一层牢固的保障。

章程与协议的区分

不少人会来咨询我这样的问题，耿律师，章程和协议的效力哪个比较高呢？当两者内容不一致时，应该以哪个为准呢？

首先，让我们了解一下章程和协议的含义。所谓章程，通常意义上的理解，就是在工商局备案的、股东之间签署的、命名为公司章程的文件；协议，就是股东之间签署的，命名为协议的文件。在某种意义上，也可以认为公司章程是股东协议的一种，因为公司章程也要通过股东会或股东大会做出决议。所以，无论是章程还是协议，都要由股东们共同达成一致。那么，公司章程与股东协议到底有何区别呢？

（1）修改方式不同。

股权协议即合同，如协议需要修改，必须经订立合同的全体当事人一致同意，否则无法修改。公司章程作为组织架构的一种设置，修改方式与合同是有区别的。公司章程的修改，一般不需要股东们的一致同意，只需要三分之二以上表决权的股东同意即可。甚至在股份制公司中，公司章程的修改不需要全体股东三分之二以上表决权的通过，只需要出席股东大会的股东三分之二以上表决权通过即可。就二者的修改要求而言，公司章程的修改比股东协议的修改宽松些，这是二者之间最核心的区别。

（2）适用对象不同。

根据《公司法》第十一条规定，公司章程对公司股东、董事、监事、高级管理人员均具有约束力。而协议仅对参与签订协议的各方有约束力，即对签署协议的股东有约束力，对于签署协议之外的股东以及董事、监事、高级管理人员不具有约束力。

（3）效力等级不同。

通常，人们理解章程效力高，协议效力低，但深究起来，又分三种情形。一是章程签署在先，协议签署在后。协议明确约定，协议内容与章程内容不一致的，以协议内容为准，这是法律允许的。此时可理解为协议效力高于章程效力。二是协议签署在先，章程签署在后。章程中明确约定，章程与协议不一致的，以章程为准，此时章程效力高于协议效力。三是章程与协议无法举证谁签署在先，也没有约定内容不一致以哪个为准的，此时以章程内容为准，即章程效力优先。

初创企业如何分清“责权利”

小股东不愿出资，股份该不该白给

在客户咨询中，常常会有创始人或大股东为了吸引或留住人才，企业才开始起步，就选择给小股东分股份。当和小股东谈到出资购买股份时，小股东往往不愿意出钱。大股东这时就会为难，不知道该不该将股份赠送给不出资的小股东。关于这个问题，我们先来看一个真实案例。

案·例·分·享

大股东是否应该把股份赠送给不出资的小股东

李华是做水泥工程的，在本行业的一家大公司里摸爬滚打多年，取得了不错的成就。后来，李华不想再当“打工皇帝”，在考虑自己的资源、经济实力和阅历之后，李华选择找人一起合伙创业。

李华第一个想到的是曾经和自己做过同事，后来又离职了的张兵，觉得小伙子非常优秀，应该可以和自己一起干出一番事业。他找到张兵，建议张兵可以以5万元或10万元投资入股，可张兵一听便表示自己没钱，他选择不要股份，而是以普通员工的身份在公司上班。

李华知道股份对于留住人才的重要性，也知道出钱才等于交心。对于张兵这种不出资，不知该不该给张兵股份的情况，李华拿不定主意，就找到我们的小武合伙股权团队咨询。

我们先听李华讲公司的发展战略、对公司股份的设想、公司股份比例的划分，以及在公司现阶段和未来不同阶段需要匹配的人才。之后，我们让李华总结出张兵的优势，主要有与人沟通能力强、有较好的管理能力和培训能力、有亲和力，因此想让他带着团队做市场。接下来，我们又对张兵的工作经历、曾经取得的成就及个人生活状态等进行了分析。得出的结论是：张兵，“85后”，有三年以上的工作经验，但并没有什么突出的特长，也没有取得太多的成就。

因李华所处行业的特殊性，市场开拓需要较长的周期才能见到成效，张兵在市场开拓的过程中，没有什么成果，工资不高，一年后离职。离职后也多次尝试不同的工作，均无很好的成绩，现在做起了专职滴滴司机。

通过综合分析，我们初步建议如下：

（1）创业第一年，先以高层管理者的身份在公司任职，以底薪+提成+增量干股分红的形式决定张兵的待遇。

（2）一年后根据市场开拓、团队管理、所创造的利润、个人工作态度，以及在与李华合作过程中的磨合，看张兵是否适合纳入合伙人。

（3）经过考核，李华认定张兵无论是人品还是能力都可以合作时，如果张兵入股资金依然困难，便可采取期股或者期权的形式，对给其出资的股份折价或者股份出资一部分，另一部分通过分红回填的方式来补充。

在分析完成后，李华感觉张兵不太符合他的合伙人标准，放弃了让张兵入股的打算。

故事说到这里，我们再回过头来看本节最初提到的问题：小股东不愿出资，是否可以给其股份呢？

首先，创始人需要明确拟入股小股东不出资的原因是什么，是没有钱还是不愿意出钱。如果没有钱，是能力有待考证，还是理财能力欠缺？如果有钱，是对项目信心不大，还是并不愿意全力付出？

其次，通过对不出资原因的分析，综合拟入股小股东人品、能力、历史成就、可贡献预期、承担风险的能力和决心等得出结论。在通常情况下，不出资并不是钱的问题，而是背后隐含的对项目的顾虑，所以，我们的建议是股份不宜赠送。

股份一定要给企业中稀缺的、不可替代的人才，不要为了给股份而给股份，否则被给的人不珍惜，给的人因为被给的人达不到预期要求而后悔。

专利技术能否作为技术入股

客户“留一手”曾经咨询过这么一个问题：我有专利技术，即在汽车发动机上安一个装置，可以节油、环保，增加汽车动力。这是国家颁发的专利证书，证书登记在我个人的名下，我现在想以这项专利技术入股公司，我占小股，请问这样可以吗？

这个问题其实在《公司法》中就有答案。根据《公司法》第二十七条相关规定，专利技术是可以作为技术入股公司的。具体规定是：非货币出资的，如上文提到的专利技术，应当经过专业的评估机构进行评估后，依法将专利技术的所有权转移至公司。需要注意的是，专利技术的所有权不能同时转让给多家公司。即只能从专利技术拥有者“留一手”的名下，转到一家公司的名下。

一个专利技术的市场价值很难进行准确地评估，尤其是一个全新的专利技术。因为专利技术的市场价值，需要产品转化，更需要专利团队的运作，初期的专利技术往往会估值过低。比如王老吉凉茶的配方、可口可乐的配方等，在企业运作的初期价值都是比较低的。同理类推，新的专利技术也不会被估值太高，除非它已经在某些领域体现过它的价值。所以，我不建议人们以专利技术，尤其是新的专利技术作为出资。除了这个方法，其实还有别的可以让“留一手”的专利技术获得变通的方案，即采用现金实缴出资的方式来完成入股。

具体做法是：首先，“留一手”将现金足额存入有限公司在银行开设的账户。这里需要注意的是，现实中有股东将出资转至财务人员个人银行卡或者股东指定的银行卡的情况，这是绝对错误的做法，都属于出资不实。

其次，“留一手”可以和公司约定，将该笔出资用于购买“留一手”的产品或者由“留一手”提供的服务，使该批产品或指定服务的利润足以充抵该笔出资。这既解决了“留一手”出资的问题，又销售了“留一手”的产品，可谓一举两得。

最后，“留一手”与对方签订协议时还可以约定，“留一手”不负责经营，每月实际控制人将财务报表交于“留一手”，以便出资人在收到报表后，可以随时查账。实际控制人对“留一手”提出的异议，应当在三日内予以答复。

综上，“留一手”既履行了出资义务，又不至于对专利技术估值过低，这种方法相对比较可行。

附:《中华人民共和国公司法》相关规定

第二十六条　有限责任公司的注册资本为在公司登记机关登记的全体股东认缴的出资额。

法律、行政法规以及国务院决定对有限责任公司注册资本实缴、注册资本最低限额另有规定的，从其规定。

第二十七条　股东可以用货币出资，也可以用实物、知识产权、土地使用权等可以用货币估价并可以依法转让的非货币财产作价出资；但是，法律、行政法规规定不得作为出资的财产除外。

对作为出资的非货币财产应当评估作价，核实财产，不得高估或者低估作价。法律、行政法规对评估作价有规定的，从其规定。

第二十八条　股东应当按期足额缴纳公司章程中规定的各自所认缴的出资额。股东以货币出资的，应当将货币出资足额存入有限责任公司在银行开设的账户；以非货币财产出资的，应当依法办理其财产权的转移手续。

股东不按照前款规定缴纳出资的，除应当向公司足额缴纳外，还应当向已按期足额缴纳出资的股东承担违约责任。

发起人因筹备公司而对外借款，公司该如何担责

发起人在筹备公司时因资金紧张对外借款，公司创办完成后，对于这部分借款公司是否应当担责？让我们从下面这个案例讲起。

案·例·分·享

公司设立过程中，发起人用于公司筹备的借款，到底该由谁来承担还款义务

林总作为发起人，创立了金峰公司，同时还找了陈总、李总、徐总3位作为合伙人。公司于2016年1月18日经名称预先核准，2016年6月20日正式成立。在公司发起设立期间，发起人林总出钱又出力，跑前跑后地忙着筹备公司，因资金紧张，于2016年2月19日，以公司负责人的名义向好友马先生借款80万元，用于公司设立的筹备费用，林总向马先生出具了一张借条，公司成立后在借条上加盖了公司的公章。当时口头承诺马先生，等公司成立后会尽快归还借款。

公司成立后，马先生因急需用钱，多次找金峰公司要求还

款并支付利息，金峰公司称借款是林总个人行为，借条的出具主体是林总，并且在公司的账目上也没有这笔借款的相关记录，因此这笔借款和公司无关，公司不应当承担还款义务。林总则认为当初借款确实是用于公司筹备，而且借条上也加盖了公司的公章，只是想着为了公司的方便，没有在财务上完善相关手续。马先生一怒之下告诫林总，说："当初好心好意地把钱借给你，现在自己要用钱了却如此为难，不行就对簿公堂，谁都不好看！"公司其他合伙人也不愿意由公司承担这笔借款。这样一来，公司才刚成立就产生了诸多的不愉快，但是林总自己又很委屈："我前期为了公司筹备，操碎了心，有活干活，缺钱找钱，到现在也没要一分钱报酬，累的人都瘦了一圈儿，如今却落得这样的局面。"

那么，公司在设立过程中，发起人或者筹建人用于公司筹备的借款，到底该由谁来承担还款义务呢？针对案例中林总的情况，我们小武股权团队在当时给了他 3 点建议：首先，公司应该归还该笔借款。公司行为的主体是设立中的公司本身，而不是负责筹建工作的个人，林总以公司名义借款，并在借条上加盖了公司公章，此笔款项确实用于公司设立期间的费用支出，因此借款应当由金峰公司承担。对于借款的利息问题，金峰公司借用资金的同时也造成了马先生这笔资金的利息损失，由于双方没有明确约定利息的支付情况，可参照银行同期贷款利率来计算，经过双方协商来确定具体数额。

其次，设立规范的财务管理制度非常重要。"亲兄弟，明算账。”股东之间哪些钱该花，哪些钱不该花，绝对不能一个人说了算。财务上的不清不楚极有可能造成股东之间彼此的猜忌、内耗，甚至矛盾。

小武股权团队根据多年的实战经验，摸索出了一整套行之有效的、对初创团队较为实用的财务规则，并形成协议条款。按此条款，可以将合伙纠纷中因财务不清导致的纠纷概率降低，避免内耗风险。此协议保证的是财务的程序公正，通过程序的公正，可以对股东之间的行为产生约束力，进而避免因财务问题导致的合伙风险。

最后，关于公章的管理。我们看到此案例中有加盖公司公章的行为，这涉及公司的公章应由谁来加盖、发起人是否有权力自行加盖等问题。根据我们的经验，公司或企业对于公章的管理一定要有程序性的规定，尤其是初创企业，在公司建立之初就一定要制定一套行之有效的公章管理制度。

很多有责任心的企业家认为，公司的事就是自己的事，殊不知，公司和股东在法律上是各自独立的主体。公司有自己的名称、财产、独立的法律人格，可以以自己的名义开展相关活动并享有相关权利、承担相应义务。公司的责任和股东的责任亦是相互独立的，大家在企业创立及经营过程中一定要区分清楚。如果不能明确区分，在财务手续上又不按正规程序走，公章管理又没有相应的制度约束的话，势必会给自己造成不必要的麻烦，甚至存在股东散伙的风险。

第二篇

企业寻求发展，股权运用得当是关键

第四章

股权激励，新时代企业成功的制胜利器

初创企业如何用干股留住核心员工

量体裁衣，企业需要找到适合自己的股权激励方案

如何用股权改变员工的“打工心态”

四个前提决定企业股权激励的成败

| 初创企业如何用干股留住核心员工 |

什么是干股

很多人对干股的概念不是很清楚，我在这里简单介绍一下。干股就是员工不用出资，还能享受到企业的分红，通俗地讲，干股就是技术股或者身份股，又称在职岗位分红权。

其实，干股并非法律术语，而是一种激励手段。在电视剧《乔家大院》中，乔致庸对手下伙计用的就是干股激励的方法，并取得了一定的效果。

干股激励对于初创企业来说，主要有以下三个方面的优势：第一，在规章制度不健全、未来赢利情况尚不可知的前提下，如果采用干股激励的形式，让员工不出资而可以参与企业分红，员工就会对企业产生安全感和信任感。第二，干股无须在市场监督管理局注册，完全依靠企业自行控制。如果初创企业一开始就给员工发售注册股，此时企业的规章制度不规范，股份若轻易送出，将来出现问题时回收就会比较困难。第三，干股激励做好后，可以和注册股、期权、期股、限制性股权、虚拟股等相互转换，形成一套比较完整的股权激励体系。

根据企业的不同情况，用于激励的干股主要分为三个层次，即激励单元、激励岗位、激励对象。激励单元指的是可独立核算的经营组织形态，如连锁餐饮企业中独立的门店、有营销任务的销售部门；激励岗位如餐饮企业中的店长岗位、前厅岗位、后厨岗位，销售部门中的销售岗位，如销售主管、副主管岗位等；激励对象则对应具体的个人，如店长或销售主管。这样划分的目的是把干股激励与其贡献值直接联系起来，因此，我们不建议 A 店的员工在 B 店被激励。在刚做股权激励的时候，我们建议激励到中层即可，由于企业最初的制度不健全，为了保险起见，先让一部分中层员工看到希望，再慢慢往下激励，这样做比较合适。

举一个例子，我们所服务的企业喜家德水饺，他运用“358”模式来干股激励员工，即成功通过考核的店长，可以得到该店利润 3% 的干股收益；如果老店长培养出新店长，符合培养标准后，再开新店，老店长可享受新店 5% 的分红；如果老店长再培养出 5 名店长，即可成为区域经理，符合考核标准后，再开第六家店时可享受 8% 的分红，且原来的店的利润也与其挂钩。这种“358”模式很好地解决了培养新人的问题，因为每家店的利润都与老店长相关，这会使他对这些店都上心，从而避免偏心的问题出现。

我们通过调研发现，设定这样的机制之后，即使是下班时间，老店长也在培养新店长，探讨怎么把店做得更好，这样员工的积极性就都被激发出来了。这种对店长的考核相对来说比较好做，我们称之为“利润型单元的股权激励”；对于没有直接产生利润的职能部门，如财务、行政、宣传、培训等部门，我们将对他们的干股股权激励称为“价值型单元的股权激励”。这种股权激励主要分为以下两个阶段：初级阶段可以通过制定考核内容，让职能部门入股到店。到高级阶段时，总公司成立虚拟股权池，让能享受公司总体盈利的员工按贡献享受分红，这里可以采取虚拟股激励或注册股激励的形式来进行。

案·例·分·享

从小案例入手，分清干股、身股、银股和虚拟股的不同概念。

A建筑公司想得到一个项目，承诺事成之后给张三分5%的利润。张三不是公司的工作人员，你可以展开想象。

A公司承诺在项目完工之后给项目经理3%的奖励，同时为了调动员工积极性，开工之前允许项目部的负责团队拿现金入股10%，完成之后分配项目利润的10%给这个负责团队。A公司在工商局（我国目前处于行政体制改革期，有些地方需要去市场监督管理局办理相关手续，这里仅以工商局为例，具体情况请读者关注当地工商管理部门发布的最新消息）登记的股东为王五和胡六，其中还有一个实际出资但没有登记在工商局的大麻子，他的股份由王五代持。

在这个案例中，不同的人所得的股份并不一样。张三的股份被称为干股；李四的股份既可称为干股也可称为身股；项目负责团队的股份叫银股，也可以叫虚拟股；拥有注册股的是王五和胡六；大麻子的股份叫股份代持，大麻子在《公司法》里面，称之为实际出资人。

下面，再简单地解释一下这几个词的含义：

干股，是没有出资但可享受分红的股份，通常干股是给员工或者一些外部有资源的人。

身股，又称为技术股或在职股。干股与身股的区别不大，如果找细微差别的话，就是干股既可以激励内部员工，也可以激励外部资源；而身股只限于公司内部岗位上的员工，对外不能使用。

银股，即出资才能享有的分红。银股分为两种：登记在工商局的属于注册股；如果没有登记，则属于代持股份。出资的股东在《公司法》上称之为实际出资人，如果实际出资人想转为公司的实名股东（注册股东）的话，根据《公司法》第二十四条、二十五条规定，则需要公司其他注册股东过半数以上同意，才能成为公司的注册股东。

虚拟股，就像这个案例里边的管理团队，出资但没有登记享受分红，那么他们的10%的股份，我们称之为虚拟股份，他的分红又称之为虚拟分红，或者叫虚拟股分红。

干股激励的实操手册

了解了干股的几个层次后，我们再具体了解一下干股激励，以便初创企业家可以根据自己公司的实际情况挑选出适合的干股激励形式。

（一）干股激励的内容选择取决于企业的类型

干股激励又分为以下几个内容：激励模式、激励力度和兑付方式。

（1）激励模式。

激励模式有三种，第一种是存量分红；第二种是增量分红；第三种是存量加增量分红，下面将举例说明。

例：去年某公司盈利 100 万元，今年该公司规定，盈利在 100 万元以内分红 3%，这是存量分红；盈利在 100 万元至 120 万元部分分红 5%，盈利在 120 万元至 150 万元部分分红 8%，这是增量分红；把这两种方式结合，即存量加增量分红，这种存量加增量分红的方式，既解决了员工缺乏安全感的问题，又可以有效地调动员工积极性。

这种干股激励的方法不仅可以用在盈利的企业中，即使是亏损的企业也可以使用正确的激励模式来提高企业的赢利能力，即对企业减亏的部分进行分红，如去年企业亏损 30 万元，今年亏损 20 万元，在少亏损的部分（10 万元）中，拿出一定比例（如 30%）来奖励员工，企业这样还能少亏损 7 万元。但如果是商业模式或行业出了问题，那可能就要考虑换其他的方式进行激励。

还有一种情况是，利润不好计算或利润不便公布的企业，如何正确使用干股激励模式呢？比如之前有客户问我：“我是开理发店的，收的是预付费，客户大多办的是预付卡，利润不好计算，我应该用什么方法激励员工？”我的建议是企业可以把营业额作为激励的依据，如需要充卡消费的洗浴中心、理发店或一些教育机构都可以用此方法来激励员工。

最后，对赌协议也可以用于干股激励。干股激励中的对赌协议可以采取“超额多奖，不够处罚”的形式来进行。这样的激励方式不仅激发员工的积极性，还显示了规则的趣味性。

企业只要从众多选择中找出最适合自己的方式作为激励模式，就有可能使激励取得想要的效果。

（2）激励力度。

用多大的比例进行激励，是3%，5%？还是10%？这需要参照企业过去三年左右的盈利状况来确定。另外还需要参照本行业标准，分配要具有科学性，符合员工的期望值。因此，激励的多少需要周密的测算，只有解决科学性和期望值的统一问题，才能达到整体的协调。这就如同每个人吃饭，吃少了会饿，还想吃；吃多了会胖，还得减肥。激励少了，达不到效果；激励多了，会造成企业浪费，掌握好这个度并不容易，十分考验老板的智慧，因此需要三思而后行。

（3）兑付方式。

干股激励的兑付方式可以是现金奖励，也可以是现金＋虚拟股奖励，还可以是现金＋消费性资产（如房产），更可以用现金＋福利计划（如出国旅游）来兑现。虽然兑付方式不同，但其核心内涵是一致的，就是给员工的激励方式一定要是员工想要的，这需要老板在事前进行充分的调研，对员工进行量身定做的激励。

（二）企业对干股激励的控制手段

企业对干股激励的控制手段可以分为考核标准、行权条件和激励管控三种形式。

（1）考核标准。

首先，在实务操作中，我们建议考核标准不宜过多，一般不要超过三个，根据企业需要的条件设定考核标准即可。如果考核内容过多，员工就会产生迷茫。其次，企业在不同的发展阶段，其核心关注点肯定不同，每个阶段都需要抓好当前阶段的核心任务。比如一家饭店在新开业时，主要考察食品质量、饭店人数、营业额等内容。随着饭店的发展扩大，如果再开新店，则应重点考核开新店的数量、新店长培养的数量等内容。可见，企业的发展重点就应该是员工考核的相应内容。根据企业的考核内容，员工就可以有选择地关注这些方面，企业也就可以内外步调一致，协同发展了。

企业的干股激励必须做到恩威并施，管理也需要“胡萝卜加大棒”，不仅有奖励，也需要有严格的考核标准。其实，干股激励中的考核就相当于《西游记》中的紧箍咒，孙悟空被戴上紧箍咒后，唐僧才能做到对孙悟空的管理自如。企业的考核标准也是一样的道理，如果没有考核，就有可能造成企业内部管理的失控，进而使干股激励失去应有的效果。

（2）行权条件。

企业应该如何设计行权条件，是一次性的行权，还是分两年、三年行权？先举个简单的例子：如果企业设计的是三年行权，且企业老板约定给员工的激励数额是 30 万元，那么，第一年老板给员工分配应分配利润的40%，即12万元；第二年给员工分配应分配利润的30%，即9万元；第三年给员工分配应分配利润的30%，即9万元。如员工未到期离职，则未分配利润取消。这种设计方法既可以保证企业的经营现金流，还可以为企业留住一些人才。当然，行权条件分期发放应该在激励数额相对较大的前提下进行，如果激励数额较少还进行这种分期发放，就失去了激励的意义，效果也会大打折扣。

（3）激励管控。

根据我们股权团队的工作经验，在企业中，老板一定要直接负责制定股权激励方案，如果老板能亲自抓股权激励方案落地就更好了，这样可以避免股权激励流于形式。

股权激励方案一定不能由员工来制定，这会使老板处在一个非常不利的位置上。前一段时间，我们接了这样一个案子，一家企业的老板委派下面的员工来制定股权激励方案，在方案制定前原本还有员工有意愿购买，后来由员工制定股权激励方案后，变成员工协商后一致同意不再购买，而是让老板送股份，老板当然没有同意。最后的结果是一部分员工集体离职，认为老板出尔反尔，让他们制定方案又不按他们的方案执行。

通过这个案例，我们建议企业的股权激励方案一定由老板亲自拍板确定，当然有专业的中介机构介入更好。总之，激励管控一定要牢牢把握在老板手中，这样才不至于在后面陷入被动的局面里。

（三）干股激励的股份回收方案

干股激励是企业留住员工的一个有效利器，但企业制定方案时也要考虑到，如果员工离职或企业想主动收回激励的股份，应该怎么操作呢？

有客户曾经咨询过这样的问题，他说："我不是不想做股权激励，只是我不会做，也不敢做。中国不是有一句俗语'请神容易送神难'吗，这年头'生意好做，伙计难搁'。我怕做了股权激励之后，造成我和员工之间的对立，股份收不回来。"相信很多企业家也有这样的困惑和忧虑，其实有一种比较好的解决方法，就是找企业家信任的第三方为企业制定专业的股权激励方案。下面给大家简要介绍一下我们小武股权团队有关激励股份回收的相关方案内容，以供参考。

我们操作干股激励的原则是：人在岗位，股份保留；人离开岗位，股份应当收回。干股激励协议应该包括约定如何退出股权激励的计划，大致分为以下几种情形：第一，主动离职。如员工未到期，主动提出离职者，则需要解除劳动合同，终止股权激励方案。第二，被动离职。如员工的行为对公司造成损害，不仅解除干股激励，还可以要求进行索赔。比如失职、索贿、受贿、贪污、盗窃、侵占公司财产、泄露公司经营技术和技术秘密、损害公司声誉被辞退等情形。第三，法定离职。如员工退休、丧失劳动能力，这种情形下主要需要考虑整个企业的文化和员工的具体情况，再细化是否终止股权激励方案。比如员工在企业工作了十几年后出现丧失劳动能力的情况，那他的股权激励是否要被终止呢？相信不同的企业会给出不同的答案。

干股激励退出方案应当有详细的文字性资料，并签订配套的协议，如干股分红协议、保密协议，配套的还有股东会关于实施股权激励的决议、公司的规章制度、薪酬制度等。只有在制度健全、协议完备的前提下，股权激励才能做到有备无患，老板才能放心地去做股权激励方案。

干股激励需要注意的六大问题

干股激励对于初创企业留住核心员工很有效。前面已经讲过了企业如何运用干股激励，但其实干股激励也有一些不容易被发现的陷阱。

第一，公司在没有完善的薪酬体系前就盲目给员工股份，缺乏统一的标准，没有相应的规章制度，就会造成员工之间的不公。

第二，公司没有设计出一套完整的员工上升通道，未告知员工何时可以成为被激励对象，未解决员工的安全感和期望值，制度缺乏长远规划，会造成员工对企业未来没有信心。

第三，干股作为激励给员工后便不再约束，没有告知收回的条件，员工没有后顾压力，等兴奋期过了便会缺乏后续动力。

第四，公司与员工之间只有口头协议，没有签订书面协议，发生纠纷或产生分歧时缺乏法律依据。这看似是一种对老板的保护，但其实会加深员工对公司的不安全感。

第五，公司负责人未信守承诺，未及时分配利益，导致员工对企业及企业负责人失去信任，结果是企业公信力的下降。

第六，公司没有企业文化培训，企业缺乏愿景、使命、价值观，让员工感觉企业唯利是图，缺乏长远规划，这也容易导致企业财散人散。

总之，股权激励是大势所趋，是企业的刚需，企业家需要系统地思考如何布局股权激励方案，这也是企业的战略需要，股权激励还要从全局的角度去思考，绝不能拍脑袋一蹴而就。

| 量体裁衣，企业需要找到适合自己的股权激励方案 |

教育类企业如何用股权激励激发员工的工作热情

我们近期辅导过一家企业设计员工合伙创业的方案，目的是把公司变成创业平台，让员工和企业一起发展，结果得到了员工的普遍欢迎。下面结合这家企业的成功案例，谈一下如何利用股权提高员工的工作积极性。

案·例·分·享

老牌教育企业如何通过股权激励提高员工的工作积极性

这是一家做了10年的教育企业，员工队伍已经比较稳定。企业在近期有一个新项目，是做某培训集团的合伙人，投资仅需9万元。这个项目企业十分看好，觉得小投入就可以获得大回报。问题是项目得有人去落实，具体应该怎么做呢？企业找到我们，我们给出的方案如下：

经过测算，这个项目的启动资金需要20万元，公司出资12万元，剩下8万元让员工出资，出资的员工成为该项目的合伙人。8万元可以分成40股，每股2000元。该项目的负责人由员工自愿报名产生，具体操作是把一票看作2000元，得票多的即为项目负责人。

具体的分配原则是：该项目总收入的5%作为对管理层的奖励，业务员拿单笔业绩的15%，每月工资2000元，最少完成3单，少1单则减少300元，最低工资1100元。年底除去成本，60%为投资分红，40%为项目发展基金。这其中投资部分的分配比例为：公司投资部分按40%分红，员工投资股分红为60%，员工按其出资比例分红。

具体到这家公司最后的项目落实情况，计算结果如下：

公司出资12万元，员工最后出资8万元，则总股本20万元，其中小明作为负责人出资3万元，小华出资4000元。年底预估盈利40万元，则年底分红时：

1. 年底公司员工总分红：400000×60%=24（万元）；

2. 员工投资部分总分红：240000×60%=14.4（万元）。

（1）小明分得的分红数：

小明占员工股的股份占比：30000/80000=37.5%；

小明年终分红：144000×37.5%=5.4（万元）。

（2）小华分得的分红数：

小华占员工股的股份占比：4000/80000=5%；

小华年终分红：144000×5%=7200 元。

（3）公司分得的分红数：

400000×60%×40%=9.6（万元）。

根据计算结果可知，公司投资 12 万元，一年可分红 9.6 万元；小明投资 3 万元，一年可分红 5.4 万元；小华投资 4000 元，一年可分红 7200 元。

除此之外，项目部还有 16 万元的发展资金。最终公司出钱多，分钱少；员工出钱少，分钱多。这样就可以使员工的入股积极性得到加强，也会使员工的参与热情得到提高。

以上只是我们针对这家企业制定的方案，不同的企业，具体的股权设计方案还是要具体问题具体分析，为企业量体裁衣地制定准确的方案，千万不要完全照搬，这样才可能找到适合企业的合伙股权方案。

好心分股给员工，为何员工还是选择离开

我们曾经处理过一起股权激励失败的案例，这次失败使企业大伤元气，我们看到后也十分痛心，希望企业家们都能吸取这个教训，避免不当地使用股权激励方案，造成企业或公司比较大的损失。

案·例·分·享

大哥带着兄弟们一起打天下，为何会以失败告终

这家企业的故事是：一个大哥带着几个兄弟一起打天下，

大哥负责给其他兄弟们发工资、发奖励，为兄弟们描绘了极其美好的未来：“大家一起奋斗，江山打下来，我们一起吃肉，一起喝酒，共享荣华富贵！”

这位大哥占有企业100%的股份，最关键的是大哥很仗义，自己从家里拿钱，无论企业遇到多大的困难，哪怕大哥刷信用卡，也要保证给兄弟们发工资。兄弟们很感动，纷纷感慨这个大哥跟对了。经过3年的努力，公司渡过了难关，营业额开始直线上升。大哥挣得盆满钵满，自己觉得不好意思，便对兄弟们说：“来，咱也搞个股权激励，我给你们哥儿几个每人都分一点儿股份。”兄弟们都对大哥心怀感激，干劲也更足了，大哥同样很开心，觉得股权激励果然有效。

可干着干着，这几个兄弟觉得不对劲了。收钱我是知道的，但花钱的事我一点儿不知道；虽然我当了股东，但只是在干活时以股东来要求我，什么事也不和我商量。哥儿几个一合计，原来他们的股东只是幌子，并没有实权啊，便都觉得股权激励是假的了。财务上的不透明使这几个兄弟心里越来越没有底，便商量着一起离开了公司。兄弟们一走，公司可就散了架，人心也立刻就散了。不做股权激励还好，可一做反而使公司陷入了危机，这是一个典型的股权激励失败的案例。

听完这个令人唏嘘的故事后，我总结出几点值得其他想做股权激励的企业思考的内容。

第一，在没有真正想好如何做股权激励之前，老板最好先按兵不动。股权激励的前提是信任和信心，信任是获得股权的员工对老板的信任，它的背后是制度的完善、财务的公开。如果员工对老板没有足够的信任，那么信心自然也就没有了着落。老板如果打算财务公开，就可以开始着手做股权激励；如果没有想好，老板还是给员工发工资就好了。有句俗话说得好，“许人人想，许神神想”，老板许给员工股份，员工拿着股份就会认为自己是股东，就想要属于股东的权利。如果得不到，他就会对老板、对企业失望，最后的结果只能是离开。

第二，完善企业组织体系的建设。老板在做股权激励方案的同时也要做好企业组织体系的建设，如签好保密协议、同业竞争协议；内部分工明确；加强文化建设等。免得一个或几个骨干带走一批人后，企业大伤元气，老板的前期付出也都打了水漂。

最后送给大家一句话：做企业不易，且做且珍惜。股权激励是把双刃剑，一旦用不好，反而会伤了自己。

利润低的小公司如何用好股权激励

之前，一位来自沈阳的客户咨询过一个关于股权激励的问题，内容是企业利润不高时如何用股权激励员工。这也是很多中小型企业都想要了解的问题，下面给大家分享一下这方面的案例。

案·例·分·享

利润不高的企业如何做股权激励？

前提概述：这家企业于 2012 年成立，主要从事广告行业的相关工作，去年企业的利润是150万元。这家企业的总经理从创业初始就跟着A，A现在想去做另一个项目，但这会让他没有精力管理现在这家企业，所以A很想对总经理做股权激励，让他来帮助自己经营现在的企业，就是不知道怎么做比较好。

我：你想分多少给你的总经理呢？

A：分30%吧。

我：是分利润吗？

A：是。

我：你以前的财务公开吗？

A：公开。

我：万一总经理完不成150万元目标，你也会分给他30%吗？

A：不会完不成吧，我没有想过这个问题。

我：你是想让总经理自己买股份还是你送给他股份呢？

A：买当然更好，就怕总经理说没有钱……实在不行就送，我就是想让他好好干这个项目。

我：你想让他买30%的股份，得掏多少钱？

A：这个我没算过，可能45万元？

我：你去年发了多少奖金给他？

A：发了10万元。

我：这个总经理一个月工资多少钱？

A：1万元一个月。

我：总经理能不能独当一面，自行工作？

A：可以。

我：就你的感觉来说，总经理会愿意买股份吗？

A：我没有问过他，不过如果价格合理，应该可以吧。

我：你觉得凭总经理的经济实力，他会愿意掏多少钱买股份？

A：20 万元以内。

我：你的企业未来前景怎么样？

A：应该还不错。

我：既然不错，你为什么不干了，去干别的？

A：我现在有一个更挣钱的项目，所以我想把这个企业交给总经理管理。

我：未来你还想不想用股权激励其他员工？

A：想呀，只要他们好好干，我愿意当投资人。

我：好，根据我们的对话，你需要向我们提供企业近年的财务数据、规章管理制度、薪酬体系、绩效考核等资料。根据贵公司的实际情况，我们商定出初步方案，之后我会和这位总经理面谈，最终才能确定股权激励方案。毕竟股权激励是大事，要么不做，要做就一定要有效果。

通过以上对话，他把他的需求已经全部传递给我了，关于该项目的整体方案思路在我的脑海中已然明了。不知道正在看书的你有没有受到一些启发？你对自己的企业未来发展有明确的方向了吗？这是我们每个企业家都需要考虑的内容，尤其是利润较少的小公司，更应该通过这些思考来明确定位，这样才能让股权激励发挥最大的作用。

我想给员工分股，为何没有人购买

老板王胜利在郑州做了十几家母婴用品店，为方便管理，成立了“爱你宝贝母婴有限公司”。随着线上母婴电商的发展，线下实体店的经营日益艰难，员工动力不足，公司业绩增长乏力。

为解决公司出现的问题，2015 年，王总经朋友推荐学习了某股权激励课程，深受启发。王总结合公司自身情况，制定了公司的股权激励方案，其核心内容如下：

①各店面公司入股 51%，员工入股 49%；

②与员工签订目标责任书，按照目标责任，按比例入股、分红，每年变动；

③分红按照 3 年期进行，每年比例为 40%∶30%∶30%；

④员工中途离职或退股的，以实际缴纳入股金时间为起算日，按照年息 5% 计息；

⑤公司提供额度在股本金范围内的，期限不超过 6 个月的短期借款，借款利息按照年息 10% 计算。

方案公布后，王总却发现没有员工对股权激励感兴趣，没有一个人前来询问入股事宜。公司开会讨论，大家也是欲言又止。在这种情况下，王总找到了我们小武合伙股权团队，经过与王总、公司高层、公司员工的深入沟通后，我们发现这份方案有以下几个问题：

第一，股权激励的实施时间不合适。股权激励需要公司成长能力、盈利能力的支撑，“无利可激”是实施股权激励的大忌。公司盈利能力不足，会严重影响员工入股的信心。

第二，公司战略定位不清。线上电商将是未来行业发展的主要趋势，线下企业反而会成本日益增高、流量日益减少，因此员工对公司发展前景不认可。

第三，方案设计缺乏诚意。方案中员工入股金收益为5%，而员工借款成本为10%。在现在的市场上，低于12%的投资都很少有人问津。而且在股权激励中设计保底，也就失去了股权激励的意义，又因公司盈利性不强，员工对公司承诺的保底也没有信心。

第四，方案细节沟通不足。尤其是对基层员工来说，这份方案太过于复杂，看不懂、看不明白，成了方案难以落地的制约因素。

经过梳理，我们建议王总首先要明晰公司的战略定位，调整公司的经营策略；待调整到位后，还要及时与员工沟通，形成可期待前景；之后根据这些内容来调整股权激励方案，最终落地实施。

股权激励方案在落地实施中不只是一个方案，而是一个系统化的工程，需要与企业文化、公司战略定位、公司治理手段、资本运作、薪酬体系、绩效考核等相结合。

如何设计适合“同股不同权”的股权激励方案

在实务中，有客户提到过“同股不同权”的问题，即股份比例不变，员工完成不同的业绩，享受不同的分红权利。以此鼓励“能者多劳”，让贡献大的人多得到一些红利。“同股不同权”里面涉及了期股的问题，其实，期股的目的在于让员工先享受到企业的红利，而后用红利补缴企业的股本金。每家企业情况不同，所以没有完全一样的股权激励方案，股权激励方案必须结合企业的具体情况进行量身打造。下面这个案例，就是根据我们掌握的这家企业的基本情况而设定的股权激励方案，也是一个比较典型的，适合中小型企业的股权激励方案。

案·例·分·享

适合中小型企业的股权激励方案解析

这家企业老板进行股权激励的目的是让员工有主人翁意识，并充分参与进来，并不在意让员工拿多少钱。据此前提，我们进行了如下设计：

（一）企业利润为150万元，按五倍溢价，为750万元。一股7.5万元，先不给总经理30%的股份，考虑先给其10%的股份，本着同股不利的原则，分配时可以根据利润多分一些。

具体操作如下：3年之内，自2017年起算，对总经理的分红基数不变：

（1）完成100万元以下利润（含100万元），分10%；

（2）完成100万元以上150万元以下利润（含150万元），分15%；

（3）完成150万元以上200万元以下利润（含200万元），分20%；

（4）完成200万元以上250万元以下利润（含250万元），

分 25%；

（5）完成 250 万元以上 300 万元以下利润（含 300 万元），分 30%；

（6）完成 350 万元以上利润，分 35%。

当总经理完成 300 万元的利润时，大股东会额外再赠送 10% 的股份给总经理。此时，总经理的分红比例起算点为 20%，具体的分红指标另行约定。

方案设计的目的是让总经理拿得更多。最终可以让总经理拿到 30% 的股份，剩下的股份给其他员工。这位老板愿意只分到 51% 甚至更少的股份，给员工提供一个创业的平台，让大家挣到钱，可以有尊严地活着。

（二）企业 10% 的股价是 75 万元，我们采取如下方式给总经理：总经理入股采取期权的方式，即先分红后还入股金，总经理付 2% 的股份款后，先给予总经理 10% 的企业股份，并按约定的分红比例进行分红。签订入股协议时付 2% 的现金股 15 万元，剩余 8% 的股份总经理需要连续付 4 年，每年付 2%。这 2% 的股份款从总经理年终约定的分红款中扣除，相当于购房按揭贷款的方式，每年年终用分红款，填补每年的股权转让款 15 万元。

假设 2017 年 12 月有 210 万元利润，总经理按约定完成了 200 万元以上 250 万元以下利润（含 250 万元），分 25% 的股份。则总经理分成比例计算如下：

总经理的分红为：100×10%+50×15%+50×20%+10×25%=

10+7.5+10+2.5=30（万元）。

总经理完成 210 万元利润，奖励 30 万元，其中 15 万元补齐出资，剩余 15 万元供总经理自己使用，以此类推，4 年补齐 75 万元出资。如总经理年终分红不够 15 万元，则总经理需自己掏钱补齐该年度的出资款 15 万元。

通过以上几个案例，相信企业家们对股权激励方案应该怎样设计有了一定的想法。通常我们在给客户做落地方案时，首先要考虑的就是结合企业具体情况，做股权激励动员会。另外，我们的建议是“专业人做专业事”，如果对于股权激励方案的设计没有把握，最好的方法就是找专业的股权团队来帮助你一起做。当然，还有一点也十分重要，就是当你决定要做的时候，一定要深思熟虑之后再去做，这样做出的股权激励方案才会真的对企业有帮助。

| 如何用股权改变员工的“打工心态” |

企业做股权激励，不仅是为了企业本身更好的发展，也应该是为了激发出被激励员工的潜能，让员工改变“打工心态”，发挥最大的潜力。

激励员工，企业表现一定要真诚

企业如果想用股权激励来激活员工，首先要做的就是拿出足够的真心和诚意来对待员工，让员工感到企业是真的为他着想，他才会真的努力为企业工作。下面通过两个我们接到的真实案例，具体分析这个问题。

（一）企业想表现出诚意，还需股权协议来帮忙

当然，要想让员工被成功激励，首先需要的是企业表现出足够的诚意，这主要通过签订股权协议来体现。

案·例·分·享
股权协议是否该给员工一份

有客户 B 咨询过我们这样一个问题：我们做了股权设计方案让员工买股份，员工也愿意买，我的一个朋友建议我和员工只签一份协议。公司收回这份股权协议，不给员工留存，免得将来员工拿这份协议起诉我们。我想听听你们专业的建议。

我：你为什么让员工入股呢？

B：为了调动员工的积极性，让员工有参与感，大家一起挣钱。

我：员工入股后，财务公开吗？

B：肯定公开呀，本来公司的财务就是公开的。

我：如果你是员工，老板不把协议给你，你会怎么想？

B：（愣了一下，停顿了一会儿）感觉不被信任，没有安全感。

我：如果一个男人和一个女人说要和她结婚，却一直没有领结婚证，女人会怎么想？

B：（笑了）我大概明白你的意思了。

我：（也笑了）员工干得好好的，为什么要起诉你呢？

B：我担心万一有人故意捣乱呢？

我：给员工协议，给有给的好处，不给有不给的理由，你自己取舍吧。

B：（思考片刻）耿老师，我觉得协议还是给员工比较好。

对于股权协议该不该给员工这个问题，我们小武股权团队的建议是：

（1）要让员工持有股权协议。

员工满怀期待地把钱交给公司，公司却没有把协议给员工。就像储户把钱存入银行，银行却不给存折一样。所以，股权协议一定要给员工一份，这样才能让员工看到你的诚意，也才能让股权激励发挥作用。

（2）制作一份公平合理的股权协议。

企业需要请专业人士制作一份完善的股权协议，内容要相对公平合理，符合行业惯例。在制作股权协议时，要事先和员工认真沟通，让员工清楚为什么要让他们入股，以及股权的进入机制和退出规则，不要让员工入股时稀里糊涂的。同时，告知员工公司是创业平台，员工入股也有风险，要让员工理解“利益共享，风险共担”的理念，从心理上完全接受入股这件事。

（3）两手抓，两手都要硬。

这里的“两手”指的是企业的股权和文化，股权在企业里边是属阳的部分，文化在企业里是属阴的部分。也就是说，企业对员工不仅有利益方面的引导、刺激，更要有对企业愿景、使命、价值观的教育。如果单纯地为利益去工作，那么人的动力是有限的，而如果是为使命、愿景、价值观去努力，那么人的动力则会更持久一些。因此，要让员工认识到他所从事的是一份有意义的工作，就可以充分地调动员工内在的潜能。

（4）专业人做专业事。

如上文说过的那样，股权这么专业、严肃的问题，还是应该交给专业的股权律师来做。现在市面上有很多讲股权的公开课或文章，讲得很热闹，但因为主讲人很多并不懂法律，真正实施时就会出现各种问题，甚至误导企业家们，造成无法挽回的损失。

所以，想让企业员工改变“打工心态”，首先就要让企业自身主动做出改变，要让员工感觉到信任和信心，这样才能使员工心甘情愿地为企业做出更多更大的贡献。

（二）老板的格局决定了股份的分配方式，也决定了员工的工作心态

除股份协议外，企业老板的格局也是影响员工工作心态的重要因素之一，不仅是股权的问题，其他能表现企业格局的条款或做法都会深深地影响企业的发展。下面这个案例就是体现老板格局的一个很典型的反面教材。

案·例·分·享

老板的格局决定了股权激励是否会成功

曾经有一个客户L，向我讲述了他的故事和困惑（下面一段为该客户L的自述）：

我们是一家培训公司，公司已经成立5年，我是公司的元老之一。公司成立时，老板给了我20%的干股。现在公司想让我再入50万元转成真实的股东，但是所占股份和原来是一样的。股份协议上的规定是10年内如果我离开公司，则不退还本金，也就是说，如果以后我离开现在的岗位，股份就没有了。我知道，老板这样做的目的是怕我中间离职，让我入股50万元是想控制我。其实，我入股50万元主要是为了使我在公司的地位得到提高。但这个协议的内容我总感觉不舒服、不公平，所以想请教您。

我：公司给你分过红吗？

L：有，但很少。老板说给多少就是多少。

我：你知道公司的财务状况吗？

L：不知道，这些都是老板掌控的。

我：你想拿钱吗？

L：不想，我不相信老板。公司挣不挣钱，我也不知道。

我：那你来找我咨询的目的是什么呢？

L：我感觉老板在圈我的钱，因为10年内如果我离开公司，还是原价，还我50万元。

我：通过我的提问，你现在心里有答案吗？

L：有，我不想拿钱，因为我看不到希望。

……

如果企业做股权激励得到的是这种结果，那说明企业的股权激励是完全失败的。对于失败的原因，我的个人看法如下：

（1）老板的出发点决定了股权激励的成败。

一种出发点是老板真正想把企业做大做强，企业目标明确，老板和员工一起奋斗，共同用一个平台，通过股权激励的方式加速目标的实现。另一种出发点是老板看到别人都在做股权激励，便想着我也得做股权激励，如果不做就显得落伍。这种类型的老板做股权激励的目的就是绑住员工，让员工不能轻易离职，离职就会有损失。这种股权激励的目的，员工心里其实非常清楚。就像上面这个案例所讲的一样，员工对企业和老板已经完全不信任了，所以股权激励的结果必然是失败的。

（2）财务是否公开决定着股权激励的成败。

关于股权激励中企业财务是否应当公开的问题，我们的建议是，企业必须要秉着公正公平的原则进行财务公开。许多企业虽然知道应该公开财务，但因为不想让员工知道企业的“猫腻”，于是就坚决不公开。其结果就是，虽然员工口头不说，但心里却对公司失去了信任。还有一些企业在财务方面公私不分，个人可以在公司随意报账，其结果是让小股东的心里不开心。时间一长，人心也就散了。古语有言：“廉生明，公生威”。企业在财务问题上也应该遵循这样的规矩来做，华为就是一个好的例子。华为不仅把财务公开，还邀请了知名的国际会计师事务所进行审计，花如此高额的费用，就是为了让员工建立对公司的信任。其效果是十分好的，华为也通过此举让员工更加安心地为其工作。

综上，我个人的建议是，股权激励是一个系统工程，不是老板想当然就可以做好的。要充分考虑企业的战略，还要考虑人性的需求，系统地把股权激励落地。

老板个人的格局，决定了企业的结局，老板的思路也决定了企业的出路。“心有多大，舞台就有多大”，如果股权激励的目的仅仅是绑定员工、锁住员工，这样的股权激励，也许从一开始就注定是失败的。

企业应该如何用期权激发员工的工作效率

一个老板向我提出过这样的问题：我有一个中央厨房，用固定资产投资了 4000 多万元，未来利润可观，且有上市的计划，我现在想用股权激励一下中央厨房的厂长，具体应该怎么做呢？

我们粗略算了一下，1% 的股份就要 40 多万元，这对于厂长来说是比较困难的，那应该用什么办法呢？我们针对这家企业的情况，提出了一套期权的方案。

如果公司确定要授予厂长 40 万元的期权，我们会向厂长这样说明：经过计算，公司现在每股的市场价格是 40 万元。如果你在公司工作满 4 年，第一年工作期满时，可以以市场价十分之一的价格（4 万元）购买我公司 1% 的股份；第 2 年工作期满时，可以再次以 4 万元的价格购买公司 1% 的股份；依此类推，到第 4 年工作期满时，你就相当于拿 16 万元购买了公司 4% 的股份，而这 4% 的股份在市场上的价格是 160 万元。虽然这些股份在公司上市前厂长是不能私自转让的，但是经过公司同意后，可以在内部员工之间进行部分转让。

这个方案中含着主要的期权设计要素。在给厂长做期权方案的时候，我们计划一共给他 4% 的公司股份，分 4 年行使，而 4 万元是厂长期权的行权价格。这里约定厂长以 4 万元的价格获得公司 1% 的股权，并且在公司上市之前不能私自出售，是我们对期权在股权转让方面的限制。期权是关于激励对象未来可行使的权利，即约定在未来达到什么要求，可以以什么样的价格（通常是一个比较低的价格，一般是远低于股份的市场价）来购买公司一定数量股份的权利。

为这家企业做期权安排的原因，主要是为了通过分期行权的方式，把员工和公司的利益绑定，增强员工的责任心和主人翁意识，让公司的员工队伍更加稳定，这也是期权的核心内容。通俗来讲，期权就是让员工先为公司服务，之后公司再给员工一定的股权，通过这种形式把公司和员工之间绑定，并形成一个比较稳定的合伙模式。因为期权方案进行的时间一般较长，所以也要考虑到激励对象离职的情况。即员工如果没有完成约定的服务期限，中途终止与公司的劳动合同，则该员工就会有部分期权拿不到，或者按作废处理。

由于员工存在不同的离职原因，公司应该对期权作不同的约定处理，我们根据工作经验，总结出了下面几种不同的情况及处理办法。

第一种，如员工主动离职，则约定其可以行使的股份直接行权，没有行权的股份作废。还可与员工约定，离职时其股份行使的价格，相对当时的市场价格而言，要打一定的折扣，然后卖给公司或者是公司的股东。这种情况我们称之为“人走股收”，即人走股份要回收到公司的意思。

第二种，如员工在工作中因疾病或意外导致伤残甚至死亡，则对该员工可以行权的股份进行员工行权；对于员工服务期限未满、还不能行权的股份，则应全部授予该员工，或者按照一定的折扣或比例授予该员工。

第三种，企业如果要解雇或者辞退员工，也应该事先约定，对员工的恶意行为，且对公司造成损害的，可加重惩罚措施。如员工恶意泄露公司的商业秘密给竞争对手，违反了跟公司的不竞争约定，这种情况下，该员工没有届满的期权要马上作废，已经可以行使的期权则可以规定他不能行权，这是对他恶意行为的一种惩罚。此时，公司还要约定清楚辞退、解雇或者终止该员工的具体事项。

期权是一种目前比较受企业欢迎的股权激励方式，也受到广大企业员工的欢迎，上面主要讲了期权的形式和需要注意的内容，下面将介绍期权的最优操作模式。

关于企业对期权的操作，我们的建议是建立持股平台。这主要是因为企业期权激励的对象比较多，开会及变更条款都需要这些小股东配合，往往会导致效率低下且麻烦，故建议期权统一由持股平台持有。而且现在的持股平台多采用有限合伙企业形式，而非公司形式，这在事实上加强了创始股东对公司的控制权，对于创始股东来讲是非常有利的。因此，我们十分推荐企业利用这种持股平台来管理期权。

有限合伙企业作为持股平台的优势之一，还在于有限合伙被称为“税务穿透体”，这个模式不用交税，有限合伙企业的合伙人在获得收益后，只用缴纳一次税。如果公司的持股平台不是有限合伙形式，那么公司要交一次企业所得税，把利益分配给股东后，股东还要再交一次个人所得税或资本利得税，这就需要双重纳税，对企业和股东来说都不划算。

综上，我们的建议是企业越早做期权分配越好，这样股份的收购价格比较低，员工购买股份的压力也会变小；压力变小，则又会使员工购买股份的积极性提高。

四个前提决定企业股权激励的成败

经常有客户会问我这样的问题："耿律师，我想做股权激励，如何做才是最有效的？"根据我们团队长期的实战经验，我总结了四个决定企业股权激励成败的前提条件。

（1）赢利。

股权激励最重要的前提是企业赢利，即员工将钱投到企业后，必须能获得相应的收入。如果看不到企业能赢利的未来，员工根本不会把钱投进来。正所谓"春江水暖鸭先知"，企业的经营状况，员工往往是最为清楚的。企业赢利与否，牵涉到企业的战略，也就是企业是在红海里竞争还是在蓝海里胜出的问题。我非常提倡企业要重视自身的战略问题，我认为创业企业不只是为了做到更好，而且是要做到不同，做出差异化。这样才能找到自己独特的优势，从而在竞争的蓝海里胜出，并获得赢利。

（2）分享精神。

企业家是否有分享精神，是股权激励有效与否的一个重要前提条件。只有企业家真正具备分享精神，愿意把企业财富与员工共同享有，这样的股权激励才会有效果。现实中有一些企业，在没有挣到钱的时候，给员工许诺很好的前景和未来；一旦挣了钱，便开始想各种各样的理由，克扣本应发给员工的奖金，最终导致员工对企业及企业负责人失去信任。未来的企业一定是平台模式的，即企业家提供一个平台，让员工在这个平台上各展其能，最终实现共赢的目的。这也是我经常谈到《道德经》第八十一章的目的，企业家越愿意分享，企业就会越做越大。典型的例子就是华为的任正非，据相关新闻报道，华为目前有8万多名员工持股，他们都在华为搭建的舞台上施展着自己的才华，并共同努力造就了华为今天的成绩。

（3）财务公开。

经常有企业家问我："耿老师，企业的财务应不应该公开？"我一般会反问他："如果你作为企业的员工，想不想让企业的财务公开呢？"答案是显而易见的，作为员工，为了自己持有股份的安全及未来考虑，肯定希望知道企业的财务情况。而企业的财务公开与否，考验的是老板的智慧与把控能力。就像上面提过的那样，华为为了做到财务公开，每年年底都会请享誉世界的会计师事务所进行审计，以确保企业的财务公开透明，树立员工对企业财务的信心。所以，企业的财务公开与否牵涉到企业股权激励的成败。我个人认为，不公开财务的股权激励很大可能会流于形式，企业的员工也会因此失去对企业的信任和信心。

（4）信任。

"信任"虽然看不见、摸不着，但存在于每个员工的心里。"信任"是靠平常点滴的积累产生的，所以，一个企业只有真正建立让员工信任的制度，这样的股权激励才能有效推行下去。企业找我们帮忙做股权激励方案时，我们都会去企业做调研，有些员工听到入股，就只是笑，并没有表现出足够的兴趣，这也反映了员工们对企业的不信任。所以，信任是企业股权激励的根基，企业一定要重视这一点，才有可能使股权激励取得想要的效果。

综上，企业股权激励的成败取决于：第一，企业是否赢利；第二，企业家是否真正具备分享精神；第三，企业财务是否真正公开透明；第四，员工是否对企业及企业家真正的信任。企业只有具备这四个前提条件，之后，股权激励才会成功。

第五章

掌握公司全局，取得股权控制权最为关键

控制权绝对不是看拥有企业股份比例的多少

知名企业如何用小比例股份占有企业绝对控制权

股东如何才能避免控制权丢失

| 控制权绝对不是看拥有企业股份比例的多少 |

拥有 100% 的股权，就可以完全控制公司吗

曾经，一位企业家分享了一个他和别人合伙的故事：这位企业家基于对合伙人的信任，让其进行管理，后来该合伙人没有经他允许，私自以企业的名义对外贷款 2000 多万元，使企业现在的经营举步维艰，他也被银行列入黑名单。这是一个让人痛心疾首的故事，而这些事情本来是完全可以避免的。另一个企业家分享的案例也同样令人无奈痛心：

案·例·分·享

即使拥有 100% 的股份，也有可能对公司失去控制

2012 年，股东甲和股东乙在一个县城合作开了一家足疗店。股东甲投资 100 万元，股东乙以房租进行投资，经营 3 个月后，双方因为经营理念不同发生分歧。股东甲认为应当单独做足疗店：绿色、养生、健康；股东乙认为单纯只做足疗店不

赚钱，他有关系、有门路，想再加一个棋牌室，这样可以挣到更多的钱。

甲和乙两个人由于对企业的经营理念不同，发生了冲突，后来甲就提出退伙。退伙的时候双方签订了一份协议，股东乙退还股东甲的出资100万元，并出具了一个还款协议。甲离任后，由于足疗店的员工都是甲招聘的，和乙关系比较浅，于是，股东甲离职后不到一个月，店长带着核心骨干集体离职，造成整个企业陷入瘫痪。

为什么拥有100%的股权还控制不了公司？我想主要有三点原因：

（1）双方在合作之初，应就公司的发展理念达成一致，而不是在发展过程中再去协商公司的发展理念。万一发展理念不一致，代价可能会非常惨重，本案例就是一个例子，100万元的投入可能会打水漂。

（2）对于股东乙来说，在后来接手店铺时没有评估经营的风险，也没有事先和员工进行沟通和谈话。所以，团队不知道股东乙以后的经营方式，也不知道企业未来会如何发展，虽然股东乙获得了100%的股权，但是也不能控制团队一定会为你服务。

（3）股东乙应不应该让甲在退出时，先留一部分押金，比如30万元，作为对店铺进行正常经营的保证呢？如果留有押金，可能这家店的员工也不会轻易离职，因为考虑到股东甲和员工有比较深的感情，为了自己的利益他也会协助员工做好店面的交接工作。

现在，甲乙股东双方在这100万元的履行方式上发生了严重的分歧。甲认为乙欠他100万元，应当立即偿付；而乙认为，因为甲的离职让公司无法正常经营，给其造成了更为严重的损失，这100万元不应当由乙支付。

纵观此案例，企业股东即使获得了100%的股份，也不能完全控制企业，还是应该做好提前的布局和规划，这样企业以后的经营才不会重蹈此案例的覆辙。

掌握公司33%的股权，为何在表决时等于0

首先，让我们看这样一个案例：他叫王威，开饭馆，做了20年的豫菜。2013年，多年的朋友张勇找到他，提议成立一家公司做P2P业务，这家公司计划在网上做房屋众筹、抵押贷款等业务。张勇很兴奋地对他说，他很好的哥们儿就是做这一行的，软件这块儿不用担心，半年就能搞定，市场这块儿由他自己来搞定。王威相信张勇，也想过得体面一些，不想再赚辛苦钱，于是同意和张勇一起成立这家公司。

两人很快成立了房贷快科技有限公司，公司注册资本500万元，其中王威出资200万元，张勇出资300万元。双方在公司章程中约定：张勇担任公司的法定代表人、总经理；分红按照出资比例进行分配；股东会表决权比例为张勇67%，王威33%。王威知道自己的管理能力有限，因此也不想管公司，乐得清闲，只要年底保证分红就行。公司运作两年后，一家投资公司找到他们谈股权收购事项。面谈之后，张勇认为投资公司的出资非常可观、合理，想出售公司，而王威则认为投资公司的出资比市场价低很多，不同意出售。王威觉得张勇和他们之间有“猫腻”，想多寻找几家投资机构，以便选一个出价更高的机构介入。但是，根据公司章程，增资需要三分之二以上表决权同意即可，张勇有超过三分之二的股东会表决权，便不顾王威的反对，很快就与投资公司达成了股权增资协议。王威这才明白，他的 40% 分红权和 33% 表决权，根本无法阻止张勇出售公司。

在该案例中，我们可以看到，有限公司中股东的出资比例和表决权，在有约定的情况下可以做到同股不同权。《公司法》对于股东表决权也有着相应的规定，具体如下：

《公司法》第四十二条规定：股东会会议由股东按照出资比例行使表决权；但是，公司章程另有规定的除外。

《公司法》第四十三条规定：股东会的议事方式和表决程序，除本法有规定外，由公司章程规定。股东会会议做出修改公司章程、增加或者减少注册资本，以及公司合并、分立、解散或者变更公司形式的决议，必须经代表三分之二以上表决权的股东通过。

本案例中，王威和张勇在公司章程中明确约定了股东会表决权为张勇 67%，王威 33%，因此张勇在股东会就拥有了超过三分之二的表决权。这是《公司法》第四十三条明确规定的。如果王威在章程中约定，“引入外来股东、公司进行增资时，必须经过王威同意”的话，这个约定就是有效的，可以保证王威对公司增资、引进外来股东这一重大事项的表决权行使权利。

由此可见，公司章程对公司发展十分重要，作为企业家的你，一定要对公司章程的制定充分重视。《公司法》中有关公司章程的内容，有15条可以自由约定的事项，我们进行了梳理，附在文后，以供参考。

附:《公司法》中和公司章程有关的15条可自由约定事项

1. 公司章程对公司对外担保的做出由股东大会或者董事会决定，公司对外担保的限额（第十六条）；

2. 公司章程可以对股东会法定职权以外的职权做出规定（第三十七条）；

3. 公司章程关于召开股东会通知的规定（第四十一条）；

4. 公司章程关于股东在股东会上不按出资比例行使表决权的规定（第四十二条）；

5. 公司章程关于股东会的议事方式和表决程序的规定（第四十三条）；

6. 公司章程对董事会法定职权范围之外的职权的规定（第四十六条）；

7. 公司章程对董事会的议事方式和表决程序的规定（第四十八条）；

8. 公司章程对经理职权的规定（第四十九条）；

9. 公司章程对监事会法定职权范围之外的职权的规定（第五十三条）；

10. 公司章程对监事会的议事方式和表决程序的规定（第五十五条）；

11. 公司章程对股权转让的规定（第七十一条）；

12. 公司章程对自然人股东死后继承问题的规定（第七十五条）；

13. 公司章程对公司聘用、解聘承办公司审计业务的会计师事务所的规定（第一百六十九条）；

14. 公司章程对公司解散事由的规定（第一百八十条）；

15. 公司章程对公司中高级管理人员范围的规定（第二百一十六条）。

2% 的股份为何能左右公司的局势

股权设计对于股东能否掌握公司的控制权起关键的作用。股权设计究竟重要到什么程度呢？我们先看以下案例：

案·例·分·享

前期做好股权设计，避免控制权存在隐患

张涛、李明、王飞成立了一家家装公司，股权协议是这样规定的：张涛出资 49 万元，占股 49%，任公司总经理，负责市场关系；李明出资 49 万元，占股 49%，负责公司设计及团队管理；王飞出资 2 万元，占股 2%，负责公司行政内勤。

张涛在行业里人脉关系丰富；李明设计水准、业务水平、管理能力高超；王飞任劳任怨，三个人共同配合，使公司深受

客户好评，发展势头良好。但随着公司的成长，张涛、李明的矛盾开始显现，冲突不断。

有一天，因为一个项目需要垫资200万元，公司自有资金只有100万元，另需借贷100万元。张涛做事保守，认为贷款100万元的风险较大，李明则认为借款成本10%，业务预期收益率高达50%，是一个很好的项目，应该去借款。双方僵持不下。晚上，王飞分别接到张涛、李明的电话，希望在隔天的股东会上支持他们各自的提议。王飞对张涛、李明的分歧看在眼里，急在心上。用试探的想法向他们提出，谁把自己20%的股权转给他，他就支持谁。张涛、李明对王飞的要求惊诧不已，王飞也意识到自己虽然只有2%的股份，但自己这2%有可能会决定公司的生死存亡。后来，在王飞的积极沟通下，张涛、李明认识到公司这样僵持下去也不是办法。张涛认识到李明付出的辛劳，认识到自己疲于应付各种人脉关系，已经疏于业务，而李明把团队管理、产品设计等细节问题管理得很妥当，便决定把自己30%的股权表决权转让给李明，以后公司李明说了算。

这个案例最后的结局皆大欢喜，但从中我们也要意识到，在创业过程中可能存在类似的问题，需要公司提前通过股权设计进行预防：

首先，核心大股东一定要明确，公司定位、战略、重大决策都需要核心大股东拍板，如果可以事先约定分红权与表决权的分离，那么在股东存在分歧时，便不会出现上面案例中的情况了；其次，核心大股东持股比例要高于51%，在案例中，如果不是张涛最后顾全大局，那么公司陷入僵局在所难免；再次，股权动态调整，保证动态合理性，以确保公司可持续发展为原则；最后，股东协议很重要，一定要有专业人士参与设计。

| 知名企业如何用小比例股份占有企业绝对控制权 |

马云如何用不到10%的股份控制阿里巴巴

企业在进行股权激励、股权融资时，经常会遇到创始人股份被稀释的情况，这也是很多企业家所担心的问题。根据网上的资料，我对阿里巴巴公司控制权的设计进行了整理，即阿里巴巴如何让合伙人“决定”董事会。

对只持有少数股权的马云及其团队来说，多数投票权还不足以形成对阿里巴巴的有效控制。从2010年起，马云及其团队就开始了一项对公司管理的试验：阿里巴巴合伙人。

什么是阿里合伙人制度？根据阿里的招股书、公司章程及其他公开资料，阿里合伙人制度的主要规定如下：

一、合伙人的资格要求

（1）合伙人必须在阿里服务满 5 年；

（2）合伙人必须持有公司股份，且有限售要求；

（3）由在任合伙人向合伙人委员会提名推荐，并由合伙人委员会审核同意其参加选举；

（4）在一人一票的基础上，超过 75% 的合伙人投票同意其加入，合伙人的选举和罢免无须经过股东大会审议或通过。

此外，成为合伙人还要符合两个弹性标准：对公司发展有积极贡献；高度认同公司文化，愿意为公司使命、愿景和价值观竭尽全力。

二、合伙人的提名权和任命权

（1）合伙人拥有提名董事的权利；

（2）合伙人提名的董事占董事会人数一半以上，因任何原因董事会成员中由合伙人提名或任命的董事不足半数时，合伙人有权任命额外的董事以确保其半数以上的董事控制权；

（3）如果股东不同意选举合伙人提名的董事，合伙人可以任命新的临时董事，直至下一年度股东大会；

（4）如果董事因任何原因离职，合伙人有权任命临时董事以填补空缺，直至下一年度股东大会。

阿里合伙人的提名权和任命权可视作阿里创始人及管理层与大股东协商的结果，通过这一机制的设定，阿里合伙人拥有了超越其他股东的董事提名权和任免权，控制了董事人选，进而决定了公司的经营运作。

三、合伙人的奖金分配权

阿里每年会向包括公司合伙人在内的公司管理层发放奖金，阿里在招股书中强调，该奖金属于税前列支事项。这意味着合伙人的奖金分配权将区别于股东分红权，股东分红是从税后利润中予以分配，而合伙人的奖金分配将作为管理费用处理。

四、合伙人委员会的构成和职权

合伙人委员会共 5 名委员，负责：

（1）审核新合伙人的提名并安排其选举事宜；

（2）推荐并提名董事人选；

（3）将薪酬委员会分配给合伙人的年度现金红利，分配给非执行职务的合伙人。

委员会委员实施差额选举，任期 3 年，可连选连任。合伙人委员会是阿里合伙人架构中最核心的部门，把握着合伙人的审核及选举事宜。

除此之外，为确保阿里合伙人制度的长期性和稳定性，阿里巴巴还制定了以下规则和安排：

（一）从规则上增加合伙人制度变更的难度

阿里合伙人制度变更，需通过董事批准和股东表决双重批准：从董事层面看，对于阿里合伙人协议中，关于合伙人关系的宗旨及阿里合伙人董事提名权的修订，必须经过多数董事的批准，且该董事应为纽交所公司管理规则 303A 中规定的独立董事，对于合伙人协议中，有关提名董事程序的修改，则须取得独立董事的一致同意；从股东层面看，根据上市后修订的公司章程，修改阿里合伙人的提名权和公司章程中的相关条款，必须获得出席股东大会的股东所持表决票数 95% 以上同意方可通过。

（二）与大股东协议巩固合伙人控制权

阿里合伙人与软银、雅虎达成了一整套表决权拘束协议，以进一步巩固合伙人对公司的控制权。根据阿里的招股书，上市公司董事会共 9 名成员，阿里合伙人有权提名简单多数（5 人），如软银持有阿里 15% 及以上的股份，软银有权提名 1 名董事，其余的 3 名董事由董事会提名委员会提名，前述提名董事将在股东大会上，由简单多数选举产生。

根据前述表决权拘束协议，阿里合伙人、软银和雅虎将在股东大会上以投票互相支持的方式，确保阿里合伙人不仅能够控制董事会，而且能够基本控制股东大会的投票结果。

协议还约定：软银承诺在股东大会上投票支持阿里合伙人提名的股东当选，未经马云及蔡崇信同意，软银不会投票反对阿里合伙人的董事提名；软银将其持有的不低于阿里 30% 的普通股投票权置于投票信托管理之下，并受马云和蔡崇信支配。鉴于软银有 1 名董事的提名权，因此马云和蔡崇信将在股东大会上用其所拥有和支配的投票权支持软银提名的董事当选；雅虎将动用其投票权支持阿里合伙人和软银提名的董事当选。

根据以上的股权设计和安排，马云便可以达到仅用少数股权，便可完全控制公司的目的。

刘强东如何用“AB股”控制整个京东

刘强东曾经说过这样一句话，“如果不能控制这家企业，我宁愿把它卖掉。”表达出了他对京东绝对控制权的重视，因此，他在京东引入风险投资之前，就考虑到随着自己的股权不断被稀释，可能导致话语权旁落的问题，从而设立了“AB股”的双重股权制度。

简单来讲，按照京东的“AB股”规则，刘强东所持股票属于B类普通股，其1股拥有20票的投票权（美国上市公司的“AB股”投票权比例大多是1∶10），而除刘强东之外的其他股东，所持有的股票属于A类普通股，其1股只有1票的投票权。所以，虽然刘强东已经变成京东的第二大股东，但是他仍然拥有超过80%的投票权，这也是为什么说京东仍是一家由刘强东完全控制的公司的主要原因。

那么，刘强东为什么要设置这么一个“AB股”呢？说起来前人的教训可不少，最著名的可能要算是乔布斯了。1985年，乔布斯经股东大会表决，被罢免了在公司的职务，几乎等同于被逐出了苹果公司。原因就在于随着股权被逐渐稀释，乔布斯在苹果内部没有了足够的投票权，因此才有这样看似荒诞的事件出现。

从京东双重股权制度的建立，到1股顶20票投票权的比例设计，无不说明刘强东对公司控制权的渴望。甚至于把赌注压在了京东身上的腾讯，也只拥有超4%的投票权而已。

京东的双重股权结构具有下面这些优点：保证管理层/创始人的绝对控制权；保证管理层、决策不会受到股东的干扰；防范恶意收购。但也存在着一些风险和问题：过于依赖某个人或某个家族；双重股权结构一般投资者会非常谨慎。

总体来说，双重股权结构可以帮助企业创始人把企业的控制权牢牢掌握在自己手中，是一种行之有效的股权控制方法。

任正非如何用 1.01% 的股份控制整个华为

1987 年，脱离体制后处在低谷的任正非正式“下海”，以 21000 元创立华为。多年以后，在华为深圳总部的一间密室里，有一个玻璃橱柜，里面放了 10 本蓝色的册子。这些册子，有助于回答一个困扰着美国政府的问题：谁，才是这家中国大型电信设备企业的真正所有者？

据外媒《金融时报》报道，这些厚达数厘米的册子里，记录着约 9 万名员工的姓名、身份证号码及其他个人信息。华为也表示，根据一项“员工股票期权计划”，册中的员工持有公司约 99% 的股份。

（一）华为属于谁

据华为公开的数据显示，华为有两个股东，任正非占 1.01%，其余为 98.99%，由华为投资控股有限公司工会委员会持有。那么，任正非这么少的股权份额，怎么能够控制华为公司呢？

在大多数人的印象中，只有股份占比大的人才有真正的话语权。那么任正非究竟是怎么做到仅占少量股权却有绝对话语权的呢？

从法律上说，华为公司的股东有两个：一个是华为投资控股有限公司工会委员会，代表近 9 万名员工持股 98.99%；另一个是任正非，持股 1.01%。尽管华为多年来一直对内部员工进行配股，但这些股票并非真实存在。

2003 年，一份广东省高级人民法院的判决，确定了华为员工持有的股票仅仅属于“虚拟受限股”，即该股份在法律意义上和公司所有权毫无关联。而能够决定华为集团归属的，仍然在于任正非持有的自然人股份，以及华为控股工会委员会所持有的近 99% 的法人股权。

（二）谜一样的工会委员会

事实上，华为控股工会委员会作为商业机构，在工商行政部门的备案，仅限于公司章程。而华为控股工会委员会所持有的华为技术 99% 法人股，在利益上应当如何分配的问题，其真相则记载于“华为控股有限公司工会委员会章程”的条款中。然而，即便是华为的高级副总裁们，也从未见过这份神秘的文件。“华为控股有限公司工会委员会章程”如同武侠小说中神奇的武功秘籍，能够见到这份文件的人，往往意味着最有可能参与到利益分配中。这也是每年有关华为配股和分红的确定，不是经过董事会讨论，而仅限于任正非和孙亚芳，以两个人规模的“股东代表会”来决定的原因。

（三）战略控制

众所周知，任正非拥有对公司决策的一票否决权。虽然他从未使用，但一票否决权保证了任正非可以对华为战略方向进行总体控制。

（四）文化控制

在《一江春水向东流》一文中，任正非道出了华为员工持股制度的产生过程："我创建公司时，设计了员工持股制度，通过利益分享，团结起员工，那时我还不懂期权制度，更不知道西方在这方面很发达，有多种形式的激励机制。我仅凭自己过去的人生挫折，感悟到要与员工分担责任、分享利益。创立之初，我与我父亲商讨过这种做法，结果得到了他的大力支持，他在（20 世纪）30 年代学过经济学。这种无意中插的花，竟然今天开放得如此鲜艳，成就了华为的大事业。"无背景、无资源、缺资本、缺管理，又要与世界巨头和国企拼市场、抢人才，唯一的出路就是——人人做老板，共同打天下。

（五）精神领袖

华为的成功离不开任正非。在华为，任正非已经成为绝对的精神领袖。作为企业的领导者，绝大多数人都认可他，崇拜他，他能完全左右企业的发展。除了他是企业的绝对领导者外，他也是最坚定的战略执行者。华为本身已经不是任正非的华为，但其发展战略却是任正非参与制定的，得到了所有人的认同。华为确实已经不是任正非的华为了，它已经走向了世界。当一个人的境界能达到这样的高度，就不用说控制和不控制的问题了。

因此，华为的控制权在不在任正非手中已经不再重要，最重要的是华为能发展好，这是卓越的企业家对其企业控制的最高境界。

股东如何才能避免控制权丢失

企业融资时，创始人如何保有控制权

一个客户想办一家教育类的公司，但手头缺钱。他把这个项目和他的一个朋友说了，他的朋友也认为这个项目非常好，想投资。他筹划了一下，前期的装修和员工工资加起来，200 万元就可以做起来了。

客户想咨询的问题是：如果融资 200 万元，融资方要 80% 的股份，对企业来说有什么样的风险？

这让我想到了 1 号店的故事。根据网络上的资料，先来梳理一下 1 号店的股权脉络：

于刚是 1 号店的创始人，他在离开 1 号店时曾发过这样一封内部信，内容如下："我们把 1 号店看成我们的孩子，倾注了所有的心血和情感，我们吃饭、走路、做梦都想到 1 号店，1 号店是我们的一切，我们用'心'而不仅是用'脑'做 1 号店。"

时间回到 2010 年 5 月，于刚在金融危机之后的资金困境中，从平安融资 8000 万元，让出了 1 号店 80% 的股权，他对 1 号店的控制权就此旁落。平安整合 1 号店未果后，逐步将 1 号店的控制权转让给了沃尔玛。

到 2015 年 7 月 14 日，创始人于刚和刘俊岭正式从 1 号店离职。根据媒体报道，在收购 1 号店之前，沃尔玛最先找到的是京东，却因为沃尔玛要求控制权而最终被京东拒绝，随后，沃尔玛才选择了

1 号店，并成功取得了对 1 号店的全部控制权。

徐小平说过："如果一开始就把控制权让出去，即把 60% 的股份让出去，再伟大的企业也做不下去；我只要把事情做起来，这个股份多少不重要，这是错误的，凡事不以股份为目的的创业都有问题。"

众所周知，随着公司的不断发展，经过多轮融资及内部激励后，创始人的股份比例不断被稀释，如果一开始创始人就让出大部分股份，创始人就会变成资本的打工者。随着企业的不断发展壮大，不断融资，创始人便无法保证对公司股权数量的绝对控制。最终的结果要么是创始人被资本驱逐，要么是创始人选择另立门户，这是创始人和投资方都不愿看到的。

那么创始人应该如何保持对公司的控制权呢？下面分享三种做法：

（1）"AB 股"（主要针对外部投资者）。

第一个方法是将股票分为 A、B 两类。向外部投资人公开发行的 A 类股，每股只有 1 票的投票权，管理阶层手上的 B 类股却能投 10 票（或更多）。这样即使持有绝对数量少数的 B 类股的创始人，也能持续掌控公司的命运。前文讲过的京东用的就是"AB 股"，这里不再赘述。

（2）投票权委托或一致行动人协议（主要针对创始团队）。

即通过协议约定，某些股东就特定事项投票表决采取一致行动。意见不一致时，某些股东跟随一致行动人投票。比如，创始股东之间、创始股东和投资人之间就可以签署一致行动人协议，以此加大核心创始股东的投票权权重，来达到控制公司的目的。

（3）虚拟股权（主要针对内部合伙人）。

虚拟股权是指公司授予激励对象的一种虚拟的股权，激励对象可以据此享受一定数量的分红权和股份升值收益。但激励对象对股权没有所有权，没有表决权，不能转让和出售，在离开企业时自动失效。这也是一种使创始人保留对企业的控制权的好方法。

综上，我们对创始人的建议是：

第一，不要在创业初期让资本占大股，否则企业发展后续乏力；

第二，创始人在企业初期，对企业的控制权要格外重视，通过制度的合理安排来保证创始人的控制权。

作为大股东，不懂章程怎能控制公司

作为企业的大股东，要想取得股权的控制权，首先就一定要弄懂企业的章程和协议。下面就是一个因为没有弄懂章程，而对公司失去控制的案例。

案·例·分·享

不懂公司章程，大股东很容易对公司失去控制

曹军胆子大、运气好，赶上了房地产行业的黄金时代，并发了点财。2014年，经朋友介绍，曹军认识了孙浩，孙浩当时正在找资金做互联网项目。双方见面后，经过相互了解，对资金及团队都很满意，一拍即合，组建了祥云科技有限公司。

这家公司的章程约定为：

（1）公司注册资本5000万元，曹军出资2550万元，占股51%；曹军的朋友李总出资750万元，占股15%；孙浩出资1700万元，占股34%；（2）曹军担任公司董事长；（3）孙浩担任公司总经理、董事；（4）李总担任董事。

曹军因产业众多，这家公司仅为其投资的项目之一，因此并不插手公司的日常经营管理工作，认为只要自己控制住董事会和股东会，就没有问题。但是，问题很快就来了，曹军发现，在股东会和董事会通过的决议，到了实际操作层面总是执行不下去，会遇到各种各样的阻碍。经过详细调查，曹军发现孙浩“吃里爬外”，不仅在祥云科技有限公司拿着不菲的工资，而且在外以其名义成立了一家实际由其控制的，从事相同业务的科技公司。在祥云科技有限公司做出的各种决议，都会被孙浩以各种理由推脱掉，而在由其成立的公司得到迅速执行。这样虽然损害了祥云科技有限公司的利益，却为自己带来了巨大的收益，为自己的公司带来了很多的商业机会。

因此，曹军提出召开董事会并更换总经理的议案，曹军及其朋友李总投了赞成票，但孙浩投了反对票，决议无法通过，理由竟然是总经理的人选由公司章程约定。而我国《公司法》第四十三条的规定是：股东会会议做出的修改公司章程、增加或者减少注册资本的决议，以及公司合并、分立、解散或者变更公司形式的决议，必须经代表三分之二以上表决权的股东通过。故董事会对章程中有关总经理的人选的修改，必须经过三分之二以上表决权多数的股东通过才可以。在祥云科技有限公司，曹军及朋友李总股权比例加起来为66%（51%+15%）；而孙浩为34%，拥有一票否决权。因为这1%的落差，最后让曹军损失惨重。

在现实中，很多股东，尤其是大股东，由于成功的过往经历，使其对自己的地位相当自信，却忽略了公司章程可能存在的风险。如上面的案例，曹军盲目的自信给自己带来了几千万的损失。

在此，提醒各位股东注意，公司章程的订立一定要慎之又慎。因为章程内容的一个差错，损失的不仅仅是金钱，可能还会伤害到彼此的感情。

创始人想要公司控制权，这8条要牢记

万科"王石事件"的实质，其实是对公司控制权的争夺。鉴于万科是房地产行业的龙头，王石又是知名的公众人物，"王石事件"自然引起了企业家们对公司控制权的强烈兴趣。

谈到公司控制权，就要谈公司的股东会、董事会。创始股东在公司的股东会或董事会有控制权，则意味着他对公司有控制权。股东会是公司的最高决策机构，股东会通常是按照股东所持有的表决权的比例进行表决的，即创始股东在股东会拥有50%以上表决权，就能在一定程度上控制住公司的股东会。这在公司发展的早期很容易实现，但随着公司不断的融资，创始股东的股权比例就会逐渐变成50%以下，此时创始人维护公司控制权的方式主要有以下8种：

（1）行动一致原则。

即创始股东和小股东签署一个一致行动协议，某个事项在股东会上进行表决的时候，小股东跟创始股东的意见一致，即按同样的形式行使表决权，创始股东赞成决议，小股东也赞成。通俗来说就是，大股东喊："兄弟们听我的，有事兄弟们一起上。"小股东们就会跟着大股东一起上。这就是一致行动协议。

（2）表决权委托。

具体做法是：由小股东出授权委托书于创始人，把小股东持有的股权的表决权授予创始股东行使，以便形成一致意见。

（3）持股平台。

把小股东的股权装在一个持股实体里，如有限合伙或有限责任公司。如果持股实体为有限合伙企业，则由创始股东担任有限合伙唯一的普通合伙人或执行事务合伙人；如持股实体是有限责任公司，就让创始股东成为该公司的法定代表人和唯一的执行董事。

（4）"AB股"制度。

如前所述，A类股份就是一股1票，B类股份就是一股10票（甚至更多），创始股东可以拿B类股份。例如，京东的刘强东、百度的李彦宏，就是通过设立"AB股"放大了自己在股东会的表决权。在境内，根据我国《公司法》规定，股份有限公司同股同权，不容许设立"AB股"；而有限公司可以同股不同权。因此，通过在有限公司章程中约定各个股东的表决权比例，也能够达到取得公司控制权这一目的。

（5）一票否决权。

可以在《公司法》第四十三条规定（具体条款前文已列出，此处省略）的基础上，将重大事项扩大。如明确约定公司重大的对外投资、分红，公司的预算、决算，公司重大的人事任免，公司的股权激励计划、上市计划，公司董事会的席位改变、董事会成员的任免等重大的问题，创始股东都可以有一票否决权，以保证他对重大事件的控制力。

（6）代持。

对于不太熟悉的合作伙伴或者员工，可以采取签股权代持协议的方式，以保证创始大股东对公司的控制权。待时机成熟，再将代持股权转化成注册股权。简单理解：代持就是将你的身份证，放在我的这里，我代替你办一些事情。因为有些事情，拿身份证就可以办到。

（7）对赌。

所谓对赌，即企业在融资的时候，创始股东跟投资者签协议，并做出约定，投资者按照某个价格投资公司、占一定的股权比例，如果公司未来某一段时期的业绩、产品销售量、出货量、用户数量，完成一定的指标，投资人便转让股权于创始股东。相应的，如果没有达标，创始股东就会给投资人无偿转让股权以补偿投资人。对赌条款在实践中一旦触发，创始股东往往需要转让数额不小的股份给投资人，他在公司的股份数量就会极大地减少。张兰离开俏江南董事会就是对赌失败的结果，这也导致张兰失去了对俏江南的控制权。故公司创始人在跟投资人做这种对赌约定时，一定要慎之又慎。

（8）控制公司董事会。

董事会是公司的执行机构，创始人如能够委派或者提名董事会的多数成员，这对取得公司控制权意义重大。通常情况下，董事会成员是由股东按照其在公司的股权比例委派的。然而，创始股东可以直接和其他股东约定，即使他持有的股权数量不到公司股权的50%，但他仍有权委派董事会的多数成员，并将这一约定明确写入公司章程。

股权比例少，如何利用股东会掌控公司

在公司中，股东会是公司的最高权力机构，其他的公司职能部门均需要按股东会的要求开展运作。对于有限公司的公司治理而言，可以通过掌控股东会达到控制公司的目的。

首先来看一下股东会的组成，以及它的主要职能。显而易见，股东会由全体股东组成；股东会的主要职能有以下三类：一是决定公司的经营策略及经营方针，审批财务预算、决算；二是决定董事会及监事会人员的选任及变更；三是决定公司的重大事项，例如公司注册资本的增加或减少、公司合并、分立及解散等。

这三类属于法定的股东会要决定的事项。但实践中，公司经常会用到“第四类”，即公司章程中约定的股东会可以决定的其他事项。那么，如何用好“第四类”中所提到的“其他事项”呢？我们看下面这个例子：

一家公司，股东是A、B、C三个人，三位股东持股比例为33%、

33%、34%。其中 A 股东、B 股东是母子关系，C 股东虽然不在公司任职，但 A、B 两位股东为显示合作诚意，邀请 C 股东派他自己的财务人员进入公司担任财务经理，并负责监督账务。C 股东觉得这样也挺好，与财务人员 D 沟通后，D 却担心自己在工作中如果不能得到 A、B 两位股东及公司的认同，直接被公司开除了怎么办？

为此，C 股东来找我们咨询，我们告知了他股东会的职能，帮他做出了如下的解决方案：首先，在公司章程中约定对财务人员的任免需要由股东会进行表决；其次，需要了解股东会议决议有哪些情形。

股东会议决议一般分为三类：普通决议、特殊决议、分类别决议。

普通决议，是由出席股东会的有表决权的股东投票，代表 1/2 以上表决权股东通过的股东会议决议；

特殊决议，是由出席股东会的有表决权的股东投票，代表 2/3 以上表决权股东通过的股东会议决议；

分类别决议，是由有优先权的股东参加股东会议进行表决与优先权有关事宜的股东会议决议。

在上述案例中，C 股东了解到股东会议决议的规定，就可以利用股东会，在公司章程中做明确约定：对财务人员的任免需要由代表 2/3 以上的股东进行表决通过。这样就可以避免发生该财务人员在 C 股东虽知情但不同意的情况下被免职的情况。

因此，如果想要控制公司，可以通过提前在公司章程中约定，设置需要股东会表决的事项，通过控制表决事项所要求的表决权比例，达到控制公司的目的。

第六章

股权融资：企业快速融资的吸金大法

企业缺钱，该如何用好股权融资这着棋

初创者必看的企业融资新手段

为企业找投资，看你是否具备这六种特质

股权融资如同谈婚论嫁，七步让你成功“入洞房”

企业缺钱，该如何用好股权融资这着棋

股权其实可以看成是商品，既可以投资，也可以买卖。传统企业靠卖产品赚取利润，现代企业除靠产品赚钱外，还可以靠买卖企业股权赚钱，这属于资本经营。下面就是几个靠股权投资、买卖成功赚钱的案例：天使投资人王刚以70万元投资滴滴打车，3年时间回报超35亿元；徐小平以18万元投资聚美优品，聚美优品上市后，为他带来了3.4亿美元的账面回报。

在互联网时代，个人的创意显得越来越值钱。罗辑思维运营一年多，估值13亿元，e袋洗、易到等互联网产品，在短时间内企业股权就价值不菲，成为股权投资人追逐的目标。那么，如何让你的企业股权成为抢手的商品，而不是无人问津的摆设呢？股权顶层设计这时就显得尤为重要。企业家的股权不在于绝对值，而在于相对值。假如你掌握某一家企业100%的股份，而企业年年亏损，那这100%的股份也是毫无价值的；如果现在你手里握有阿里集团0.1%的股份，它的价值也远大于亏损企业100%的股份。我们服务过的一家企业，2015年利润300万元，我们帮这家企业做了商业计划书

和项目策划案，并帮助企业路演，在路演中这家企业出让 20% 的股份，拿回了 2000 万元的股权转让款。这就是股权顶层设计对企业的巨大作用。

不同的人卖股权，其价格必然是不一样的，如马云卖股权和王云卖股权就有巨大的差异；卖的场所不同，价格也会不同，在自己单位卖和在证券市场卖价格自然不一样。

因此，股权设计得好，包装精美，卖的价格也会明显高过未设计、未包装过的股权。为了使企业的股权能卖个好价格，股权顶层设计显得尤为重要。股权顶层设计好，可以让企业的股权插上腾飞的翅膀，早日觅得好买家。

初创者必看的企业融资新手段

企业寻求发展不仅可以靠借款，还可以靠股权融资。最近我们服务过的一家高端洗浴企业，通过对市场及商业模式进行梳理，重新定位，同时对团队进行整合，最后让投资人认可其估值的 2000 万元，并投资 500 万元，占股 20%。股权设计的目的，不仅是对合伙人之间的股权利益进行分配，对员工进行股权激励，这些思维还只停留在经营和管理层面；股权设计还可以上升到更高的维度，即运用到企业的资本经营、商业模式设计中去，这对企业发展的作用也是不可小觑的。2016 年，许多企业家有资本寒冬的感觉，银行贷款在不断收紧，企业民间借款越来越难。近期我们团队处理过一起因民间借款导致企业家妻离子散，家破人亡的惨剧。在此也提醒企业家们慎碰高利贷，一旦碰上高利贷，通常会超出企业家的掌控范围，后果往往不堪设想。

股权近几年渐渐成为新的融资工具和致富投资手段。中国前一个 10 年是房地产投资的 10 年，下一个 10 年极有可能是股权投资的 10 年。股权众筹、股权私募基金方兴未艾；众筹平台、风投机构等如雨后春笋，纷纷出现；众多机构也在普及股权知识。传统企业纷纷走上股权融资之路，开始了解股权投资的种子轮、天使轮、A 轮、B 轮等专业的股权名词，这也符合“大众创业、万众创新”的时代特色。

股权融资成功的案例不断被媒体报道。e 袋洗是一家创业不久的公司，在 2015 年 8 月 13 日，公司正式公布 B 轮融资 1 亿美元，由百度领投，经纬和 SIG 作为老股东跟投。作为一家创业公司，能够在短时间内连续两次大金额融资，并且有百度和腾讯两个中国最好的战略投资人，经纬和 SIG 两个中国最好的财务投资人作为股东，这无疑让更多的创业公司看到了股权融资的价值。

未来企业的发展，还需企业家用战略投资的眼光，引导企业向新方向发展。初创者也需要用更加开阔的眼界，更加创新的手段，促进企业在股权这个热门领域中获得最终的成功。

为企业找投资，看你是否具备这六种特质

作为一名创业导师，我经常会去参加一些项目评选，也经常和一些专业机构的精英人士一起交流投资人对一个项目最为看重的是什么内容。讨论过后，我们达成了一个共识，团队“老大”绝对是投资人最看重的内容。人力资本作为投资中的重点内容已经成为普遍共识，我归纳了“老大六条”，对照一下自己，看你被投资人投资的概率有多少呢？

（1）创业“老大”持续不断的创新能力。

如前所述，创业一定要做出不同，开创行业内的新领域。比如现在的滴滴打车、e袋洗、罗辑思维，以及当年的淘宝，均是开创者的角色。这样的创业尽管开始艰辛，但获得成功的概率更高，容易吸引风投公司的注意。这要求企业老大具备极强的创新能力。

（2）创业老大必须有超强的雄心和使命感，永争第一。

创业老大必须斗志十足，不甘平庸，做什么事都喜欢争做第一。创业本身就是冒险，没有百分之百成功的把握。如果老大甘于平庸，墨守成规，在碰到困难时很难有大的作为。老大的初心也很关键，如马云提出的：让天下没有难做的生意，做102年的企业。这是创业老大雄心和魄力的最好体现。

（3）创业老大必须是一个诚信的人，遵守商业底线。

投资人大多会重点关注企业老板的做事细节，比如参加约定的会议是否守时、是否会随时取消约定，以及所提供的信息是否属实。这

也符合《弟子规》中谈到的："凡出言，信为先，诈与妄，奚可焉。"

（4）创业老大是否是一个有责任心的人。

这主要是考察创业老大是否有创业团队跟随，以及跟随的时间；创业老大如何评价团队成员，团队成员又如何评价创业老大。除此之外，创业老大如何评价客户，即创业老大为何而创业，是为利益出发，还是为客户着想，解决客户的难题。出发点不一样，在与客户发生矛盾时，解决的思路也不同。另外，创业老大与父母、家庭的关系，平常是否孝顺老人也是投资人考察的主要内容。有责任心的老大，会让投资人更放心。

（5）创业"老大"的学习能力。

现代社会信息爆炸，创业老大是否拥有学习能力就显得非常重要。创业老大平时都在看什么书，交往什么样的圈子，学什么样的理论。如果他业余时间是在打麻将、打游戏，那么企业就容易被时代淘汰。

（6）身心要健康。

现代社会竞争如此激烈，企业竞争的背后，是创业老大身体的竞争。有些投资人不喜欢胖人，认为胖人不关心自己的健康，对自己的身体不负责任，甚至有的投资人认为：体重严重超标者，自控能力差；酗酒者对自己的身体不加爱惜。除身体健康外，心理健康慢慢也被投资人关注。在市场竞争这么激烈的情况下，创业者有时候压力很大，如果心智不健康是不行的。我曾见过一些创业老大，因不堪压力而跳楼自杀，如果投资人投了这样的老大，投资岂不是打了水漂？可见投资人看重创业老大的心理健康也是有原因的。

股权融资如同谈婚论嫁，七步让你成功“入洞房”

现在越来越多的企业开始考虑股权融资，我们常常把股权融资比作谈婚论嫁，现在就介绍一下股权投资“入洞房”前的七大步骤。

（1）准备商业计划书。

谈恋爱前，一般人都要先买点好衣服，收拾一下自己的发型，甚至还要参加谈恋爱的专业培训。总之，一切都是为了增加对方对自己的好感，增强恋爱胜算的砝码。股权融资亦然，股权融资的前提是引起投资者对项目的好感，商业计划书即起到美化的作用。通常情况下，我们建议融资方的商业计划书要点一般不超过十页PPT，包括一句话说明：自己的竞争对手是谁、自己与竞争对手的差异化何在、创业团队核心大股东的核心资源、创业团队的核心优势、融资需求的资金数量、融资用途、拟出让的股份比例，以及回报周期等，这些核心内容需要在三分钟之内讲清楚，并打动投资人。我们建议初次融资的创业者，花小钱办大事，尽可能聘请专业的商业策划团队帮助制作商业计划书，这样成功的概率会高出很多。

（2）寻觅投资人。

谈恋爱时寻找恋爱对象的方法，可以通过媒人介绍；也可以自己主动出击，多参加各种交际活动；还可以主动造势，让别人找到你。寻找投资人亦然，找投资人的途径：①自己明确意中人的，创业团队和创始人可以主动把自己的商业计划书递到投资人那里；②参加投资机构组织的创业大赛，脱颖而出后接洽到投资人；③直接入驻孵化园，现在各地的孵化园纷纷出现，创业团队直接入驻到这些孵化园，就有可能对创业企业对接这些投资人有帮助。俗话说得好，“知己知彼，百战不殆”，在跟投资人洽谈前，尽可能全面了解投资人的背景、爱好，以及投资的成功案例，以增加洽谈成功的概率。毕竟第一印象格外重要，彼此时间都很宝贵，互不浪费时间，认真准备也是对对方的一种尊重。

（3）接洽投资人。

谈恋爱时见到对方，肯定要谈论彼此的兴趣、爱好，以及展示自己的实力，甚至描绘对未来美好生活的畅想。股权融资亦然，融资人见到投资人后，融资人也要展示自己的实力。如果融资团队的创始人是全职工作，对工作充满热情，全力以赴，则企业成功的概率就会大大增加。加之强有力的创业团队，广阔的市场前景，以及创新的商业模式，会极大地增加投资人对创业团队投资的概率。所以，投资就是投人，尤其是投企业的核心大股东。

（4）签订投资意向书。

男女双方开始接触，不断加深了解，双方内心都会有一种确信，即在谈恋爱过程中，在正式确认恋爱关系之前，彼此都是唯一的交往者。股权投资的心理亦然，双方如互有好感，萌生合作意向，双方便会签订投资意向书。投资意向书虽然不具有法律约束力，但往往会涉及后续股权融资的核心问题，包括企业的估值，投资人的投资，投资占比及投资时间、批次等，甚至包括独家排他条款。创始人要格外重视投资意向书，因为投资意向书的签订往往意味着投融资双方就股权投融资的核心问题达成初步意见，创始人不能单方面轻易改变投资意向书中的关键条款。此时，如果有股权律师介入的话，就可以提供专业的股权融资建议，避免条款对创业公司或创业者不利。

（5）尽职调查。

在确立恋爱关系后，正式定亲前，有必要到对方家里看一看，面见对方的父母，顺便对对方的家庭情况做一番了解。股权投资也是如此，双方签署投资意向书后，投资人会通过尽职调查的方式对公司进行全面了解，包括财务尽职调查、法律尽职调查，以及其他专业方面的尽职调查。此时投资人会聘请专业机构，如律师、会计师，出具尽职调查报告，投资人会通过报告结果，深入全面了解公司。

（6）签署交易文件。

在彼此全面深入了解后，经双方父母首肯，双方开始谈婚论嫁，择日举行婚礼，最终确立婚姻关系。尽职调查工作完成后，经全面深入了解，如果投资人对项目满意，就会聘请专业律师起草交易文件，交易文件做好以后，彼此在此版本上进行协商谈判，过程复杂的话往往会经过好几轮谈判和修改，直至整个交易文件的定稿，最终经双方签署后生效。

（7）签署交割入洞房。

一对恋人经过恋爱、婚礼，最终入洞房，皆大欢喜。然而，股权融资双方签署交易文件后，并不代表投资完成，后面还有一个步骤，即交割，如投资款的交付、办理工商变更登记、财务人员的接管工作、新的董事会人选、发放股权证书等，唯有如此，才意味着股权融资交割的完成。结婚并不意味着结束，而是一段新生活的开始，双方都不能掉以轻心，婚姻需要经营，彼此仍需投入时间、精力，以让家庭生活更加美好。股权融资也是如此，投资人进入后，意味着新的合作关系形成，仍会出现各种新的情况，需要彼此用真诚、智慧，用共赢的心态共同经营，维护好合作关系。

第七章

退出机制，企业重新焕发生机的重要机会

企业如何把激励出去的股权收回来

合伙创业，如何约定哪些退出条款对公司更有利

如何在协议里规定股东退股的问题

创业者不可不知的六大退股条款

企业如何把激励出去的股权收回来

经常有老板问我：我想把股份给员工，但担心员工拿到股份后，以老板自居，不好好干活；又担心员工走了，股份收不回来。其实，对于这个问题有一个很好的解决办法：限制性股权。

限制性股权，顾名思义，即员工拿到的是真实的股权，同时又受到一定的限制，在约定条件下，股权要退给企业或者股东。一般会约定员工全职为企业工作一定的期限，如 4 年。如果员工的工作年限没有达到约定的期限，就要把股权退回来。

员工退还股权分以下几种情形：

第一种，员工主动辞职的，全部退股给公司。

第二种，员工生病或意外导致失去劳动能力，本着人道主义精神，员工已经提供的服务、已经拿到的股权要给员工，没有完成的服务期限对应的股权，继续给到员工或以合适的价格回购员工这部分股权。

第三种，在下列特定情形下，解雇辞退员工时，员工需全部退股给公司：激励对象犯罪，或者有其他重大的违反刑事或者行政法规的行为遭到处罚；严重违反公司的规章制度，如违反公司的保密制度，泄露公司商业秘密；违反和公司之间的竞业禁止义务；员工和公司约定的其他情形。

需要注意的是，员工退还股权在实践中容易产生争议，因此应当提前将上述特定情形加以明确规定。

对于限制性条件的设置问题，企业在制定规则时，也要考虑到员工的理解和接受程度，做到相对公允。发生前面几种情况，企业要约定股权收回的细则。另外，除了否定性的股权收回规则，还应当有肯定性的股权授予规则，如员工在公司要全职工作满一定年限、员工的工作表现、员工对公司的贡献大小或者是达到预期的考核标准等。这种制度性的安排一定要提前设置，规则正如约束孙悟空头的“紧箍咒”，没有规则，对员工就没有约束力。

限制性股权是实实在在的股权，只不过在某些情况下，有可能让激励对象退回来部分或者全部的股权。限制性股权的对象，通常是公司最重要、最核心的一些人员，对公司的创始团队成员，也可以采用限制性股权。

合伙创业，如何约定哪些退出条款对公司更有利

电影《梦想合伙人》热播，我们通过电影视角看到她们合伙过程中发生过的不愉快。作为一个股权律师，我想到，如果《梦想合伙人》电影剧本中增加一个协议，约定好了散伙条款，结果会不会变得不一样？俗话说“生意好做，伙计难搁”，兄弟式合伙开始，仇人式散伙居多。所以，对于合伙人之间纠纷的处理，许多人望而生畏。

《公司法》的基本原则之一是“自治原则”，即对股东来说，“法无禁止皆可为”。作为股东，合伙创业要在规则内行事。这个规则，就是公司的“法”。公司的“法”有两个：章程与协议。

公司章程，相当于“公司的宪法”，是创业之初，全体股东一致通过（即全部认可）的对于章程的约定。所以，一定要把重要的规则写进去，包括股东会、董事会的议事规则等，当然还有最重要的关于股东退出的规则。然而值得注意的是，部分地方工商局提供给企业的是制式模板，不允许有大的修改。对此的解决办法是，先用制式的章程办下公司，之后再去单独修改章程备案。如有写不进章程的约定或规则，退而求其次，股东之间可以以协议的形式约定退出机制，其核心要素是：

（1）退出事件。

如合伙人约定，每个人在企业中的工作职责、工作范围、考评方式等。比如贡献的考核方式，就有负责销售的考核标准、负责技

术的考核标准等，另外还可以考核工作时间。如不达标则应做相应的处理，直至退出。比如把因个人出国、孩子去外地上学、个人去外地工作等无法完成合伙的事项约定为退出事件，还可以将死亡或丧失劳动能力作为退出事件。

（2）退出形式。

退出形式又可分为：约定退出、法定退出、强制退出（违约退出）。“人走股退”，股权价值是依赖所有合伙人持续地努力共同创造的，当合伙人退出公司后，其所持的股权应该按照一定的形式退出。从一方面来说，这对于继续在公司里做事的其他合伙人更公平，另一方面也便于公司的持续稳定发展。

有关退出规则的具体约定可以参考如下：

①在公司成立 1 年内不允许退出；公司成立满 1 年未满 3 年，退出需分期进行，每期间隔 3 个月或 6 个月不等；公司成立满 3 年，股东可正常退出。

②公司成立时合伙人投入了资金，等离开公司时，股权是部分保留，还是全部退出，这取决于双方的约定。

③对于因违反公司规章制度而退出的人，股份应当全部退出。

④对于因年龄、疾病等情况不能工作的人，本着人道主义精神，可以先拟定规则。

总之，事先考虑的越详细，将来发生纠纷的可能性就会越小。

（3）退出价格。

合伙人中途离开，股价的计算困扰着很多创业者。如果退出机制提前有约定，就少了很多困扰。制定退出的价格要参考公司的经营状况，股东退出时，公司可能存在盈利、持平、亏损 3 种情况，可根据不同情形进行约定。退出价格的设置与退出的形式有关。比如，约定不能退出期间离开的，可以按照 0 元或 1 元的价格退出。为了防止被退股股东不签字，也可以约定：符合退出条件的，收到款项即为完成退出等。对于其他按照不同退出形式退出的，其价格可以约定为，原投入资金与其股权所占账面净资产低者为准；对于正常退出的人员，可以约定按照公司净资产退出，也可以按照上一次融资时对公司的估价退出。如果公司出现亏损，退出者需承担亏损后再退出。另外，股权激励对象离开公司时，一般是以什么样的价格进入，就以什么样的价格退出。如进入时是按照净资产计算的股价，那么在退出时股价也应按照净资产计算。

总之，股权设计是因企业而异的，但基本的设计原则是“抑恶扬善，合作共赢”。未来的中国是一个契约社会，有约在先，是企业未来能否长治久安的重要前提。

如何在协议里规定股东退股的问题

有朋友打电话问我：“耿律师，合伙人退出时，当时投的钱应该怎么处理？”我的回答是：“首先，看公司章程，如果章程中有约定或者协议中有约定，就按照你们的约定处理。”但现实情况是，很多人在协议或章程里面对于合伙人退出是没有约定的，那怎么来处理这个问题呢？

合伙人退出的时候公司大致分为三种情形：一是公司赢利；二是公司不赢利或持平；三是公司亏损。基于公平原则，针对这 3 种不同情形，处理方式应有所不同。如果公司赢利，可以按照投资加上每年的固定回报来退还退股方的股份，也可以采取对公司的股价进行估值，并退还相应的股份比例；如果公司是资金持平的情况，则可以按照原股退回；如果公司是亏损的情况，就需要让对方承担相应的损失后再计算剩余股份的情况。

需要强调的是，股东退股，其他股东没有义务收购退股股东的股份，公司也没有这个义务。在平等自愿的前提下，退股股东可以将其股份转让给其他股东或股东以外的第三人。通过上述问答，我想引出的是在协议中怎么处理股东退股的问题。按照我们的操作手法，总结了以下五个要点：

第一，可以约定股东在两年或者 3 年的初创期内不能退股。退股的时候可以根据相应的年限来限制股东，比如：约定 3 年内不能退股，第一年退股只能退还 70% 的股份；第二年退股只能退还 80% 的股份；第三年才可以全部退还。当没有达到约定的时间时，退还的股份理应相应减少。由于公司的经营往往依赖于创始人，因此，还可以约定创始人不能退股，如果创始人退股则只能采取零价收购的方式进行。

第二，可以约定退股的时候有一个年限。比如说 3 年以后允许退股，届时依据上面提到的公司赢利、持平、亏损的不同情形退股，具体形式以财务账目为准。

第三，可以约定能否向股东以外的第三方转让股份。为了保证有限责任公司的人合性与资合性，根据《公司法》中有限责任公司股东"意思自治原则"，可以约定股东不得向股东以外的第三人转让股份。

第四，可以约定股东退股需提前多少日告知其他股东。比如必须提前 2 个月或 3 个月告知其他股东，以便其他股东有充足的准备时间。

第五，可以约定在公司亏损期，即公司经营状况不好的时期不允许退股，或者在公司经营的旺季不允许退股。

综上所述，可以针对股东退股的情形作较为详细的约定。

| 创业者不可不知的六大退股条款 |

没有退出机制的股权分配，就像高楼的阳台没有护栏，是否会让大股东胆战心惊呢？根据常见的股权退出机制，我归纳了以下六大条款：

（1）股份代持。

约定在一定期限内（比如 4 年之内），股权由创始股东代持。

如小龙女可代杨开心、岳快乐持有股份，期限届满后，如合作愉快，则将被代持的股份登记在章程上；如合作不愉快，则不再登记在章程上，由此避免大股东陷入被动。

（2）股份分期成熟。

约定合伙人的股权和服务期限挂钩，股权分期成熟（比如 4 年），做到股权和贡献相匹配。如杨开心的股份 16%，分 4 年成熟；每年考核合格，成熟 4%。

（3）“人走股退”。

“人在股在，人走股退”。股东中途退出，其他合伙人可以按照溢价回购离职合伙人未成熟或者已成熟的股权，甚至可以约定 0 元收购已经成熟的股权。

（4）违约金。

对于离职不交出股权的行为，可以约定高额违约金，增加违约方成本，督促其变更股权。还可约定离职前 3 个月退股股东申请退股，公司办理股份变更手续，同时交接工作、移交资料。股权变更手续办理完毕之后，离职者需在一定期限内将相应的款项支付给原股东，以免因部分股东的离职，引起团队哗变。

（5）限制条款。

为避免造成企业资金紧张，可约定在企业发展困难时期，如当账面流动资金低于 50 万元或 100 万元时，不能退股；或股权转让款在一定期限内必须支付等。还可约定新店筹备或开业半年内不能退股，避免引发其他人员的心理恐慌，造成企业经营困难。

（6）期权池。

股东提出转让股份时，可以按公司最近一期财务报表的净资产价格向期权池转让。同时，如出现股东侵犯公司利益或同业竞争时，公司可以取缔有关股东的股东资格，其股权向股权池转让，价格同上。需要说明的是，公司的原股东没有收购退股股东股份的义务，公司也没有这个义务，只不过为了公司经营的需要，可以做一些变通的处理。

综上，退股条款不仅是为了股东退股而设，更重要的是为了建立一套完整的股权制度而设，这是企业家们应该具备的眼界。

第三篇

碰上股权纠纷，解决不易，需谨慎处理

第八章

合伙人分歧如何快速解决

初创期合伙人想退股应该怎么办

大股东想变更法定代表人，小股东不同意怎么办

召开股东会，股东拒绝签收会议通知怎么处理

我的合伙人问我要工资——给，还是不给

两兄弟合伙创业，为何友谊的小船说翻就翻

合伙人纠纷化解的五大原则，你用过几个

上亿股权纠纷案例，这四点教训值得所有创业者深思

| 初创期合伙人想退股应该怎么办 |

甲、乙是非常好的朋友，合伙开了一家咖啡馆，前期投资 300 万元，投资比甲占 60%，乙占 40%。在经营过程中，双方未对彼此权限约定清楚，生意出现亏损，双方按投资比例，乙又投资了 80 万元。

现在，咖啡馆又需追加投资，乙因为看不到公司未来的希望，加之大股东甲有以权谋私的嫌疑，便不愿意再增加投资，公司陷入僵局。乙很痛苦，认为自己在公司工作两年，一分钱没有拿不说，又赔了 200 万元，朋友关系也出现裂痕。现在公司还一直在亏损中，乙找到了我，想寻找一个退股的解决办法。

听完了乙的讲述，我问了他以下几个问题：

你们有合伙协议吗？

你们有约定如何退伙吗？

公司经营及赢利模式有独特性吗？

答案均是没有。

我又问乙："经营咖啡馆是出于你的兴趣爱好，还是仅想靠咖啡馆挣一点钱呢？”乙回答说：“我就想挣一点钱。”

这是一个在合伙创业中很常见的问题，甲乙抱着美好的初衷去合伙，却未曾想到，散伙时该如何处理。现在乙想退伙，该如何解决这个问题呢？根据我的经验，乙越早退伙越好，否则可能亏损会越来越大，和甲的关系也会越来越僵。

为了乙可以快刀斩乱麻的解决问题，我提出如下步骤：

首先，找大股东甲沟通。我们提出了三种解决办法：第一种，大股东甲如果觉得咖啡馆还有希望，想继续经营，则小股东乙退出，大股东甲给小股东乙补偿，数额可以比照对外转让款协商；第二种，双方都不想继续经营下去的话，可以把咖啡馆对外转让，转让款按比例划分；第三种，找专业的团队承包咖啡馆，利润按比例划分。经过我们和甲多次的沟通，因为甲当时手中还有资金，考虑到双方多年的情谊，且当时是甲看好此项目，拉着乙入伙的。最终结果是甲很大度，退还乙 100 万元，甲继续经营这家咖啡馆。

其次，甲乙双方谈判完毕，签订协议后，便抓紧办理了款项交接、股份转让事宜。股权转让协议中，列清公司债权债务清单，双方签字确认以后，公司盈亏与乙无关。乙顺利离场，咖啡馆至此交接完毕。

6 个月后，大股东甲又亏损近 100 万元，咖啡馆也就彻底支撑不下去了。最终的结果是甲以 50 万元对外转让了咖啡馆，乙也因此对我们的工作表示特别感谢。

所以，在公司的初创期，如果合伙人中有人觉得公司的前景不明朗，不想再继续做下去时，就应该尽快做退股的打算和安排，及时止损。这样既让自己远离烦恼，也可以让公司另外找更合适的合伙人进行合作，是对双方都有利的一种解决方法。

| 大股东想变更法定代表人，小股东不同意怎么办 |

在一般公司中，都会出现大小股东发生矛盾的情况。假设小股东是公司的法定代表人，在与大股东发生矛盾后，如果大股东想变更法定代表人，应该怎么办呢?

我近期处理了一个案例，就是类似这样的情况，其案情大致如下：一家公司，A 占 70% 的股份，B 占 30% 的股份。B 是公司的法定代表人。现在 A 找到我们，想把法定代表人由 B 变更为 A 或由 A 指定的人，问我们有没有解决方法。

对于这种情况，让我们先看一下法律是如何规定的。根据《公司法》第十三条规定：公司法定代表人依照公司章程的规定，由董事长、执行董事或者经理担任，并依法登记。公司法定代表人变更应当办理变更登记。

所以，按照法律规定，遇到这种问题应该先看这家公司的公司章程，并按公司章程的规定进行更改。但现在，很多公司的章程都是“傻瓜”章程，都是按市场监督管理局提供的模板里的格式和条款来制定的，这种条款对变更公司法定代表人的情况一般不会有什么特别的约定。为了解决这个问题，我们认为可以分 4 步来处理：

第一步，如果公司章程里根本没有约定这方面的内容，首先要做的就是召开股东会，并通知小股东参加会议。按照《公司法》的相关规定，应当提前 15 天通知小股东，或者依照公司章程的规定通知小股东。《公司法》还规定：变更公司法定代表人属于相对多数，不属于绝对多数。也就是说，不需要经过三分之二以上表决权即可变更。

第二步，股东会做出决议，然后拿公司的营业执照副本原件以及新法定代表人身份证原件、复印件，经办人的身份证原件、复印件，到工商局办理变更手续。

第三步，填写公司法定代表人变更申请表。

第四步，到市场监督管理局办理变更登记，同时对委托人提供委托书，就可以变更公司的法定代表人了。

这是从大股东的角度提出的解决办法，换一个角度看，如果你是公司的小股东，为了保障自己的权利，就可以在公司的章程中约定公司法定代表人的变更必须经过全体股东一致同意才能通过。由此可见，在公司的章程中做出上述具体的约定，对于保护小股东的权益是非常有利的，也是解决合伙人分歧的有效方法。

| 召开股东会，股东拒绝签收会议通知怎么处理 |

我们之前碰到过这样一起纠纷，一家公司要召开股东会，需要联系小股东，可小股东电话也不接，短信也不回。后来公司想了一个办法，给小股东身份证登记的地址发送特快专递，结果特快专递也被退回，答复没有此人。

这样公司召开股东会就会陷入一个僵局。因为按照《公司法》的规定，召开股东会议应当提前 15 天通知全体股东，公司有章程的按照公司章程约定实行。现实情况是，以前没有约定，现在股东也不来参加会议的情况该怎么处理？可以采取的一种方法是用特快专递给小股东送达开会通知，送达同时找律师去现场见证。这里尤其需要注意，一定要确保通知亲自送达小股东手中。因为我们也碰到过有公司把快递送到小区物业，结果物业没有让业主签收，造成送达无效的情况出现。

当然，如果公司事先有所防范，那么上面的问题都是可以避免的。就具体的通知形式而言，有以下几种：

第一种，可以让对方在协议中写明签收的邮箱，公司会议通知送达对方的邮箱，即视为对方知悉。如果对方变更邮箱则应当书面告知股东及公司，否则原邮箱依旧视为有效。

第二种，可以采取在公司网站公告开会的信息来通知股东，也可以采取在公司的办公场所张贴会议通知信息的方式。在网站公告或者张贴会议通知，视为已送达会议通知。

第三种，可以在当地报纸，比如在河南发行的《大河报》上刊登会议通知，也可视为送达。当然，这属于比较极端的情况。

总之，如果事前约定好公司开会通知送达的形式，这样的约定既是有效的，也会对不来参加会议的股东造成心理压力。通过将召开会议的通知用证据的形式保存下来，确保会议的程序合法，不至于将来因为程序的违法导致股东会会议被撤销的情形。

所以，公司最好能够事先在章程中约定通知送达的方式，即使没有约定也要注意送达程序的合法性，保留有效送达的证据。这样才能保证会议的程序合法。

我的合伙人问我要工资——给，还是不给

经常有客户咨询这样的问题：现在我想邀请一位朋友一起创业，让他当股东，该不该给他发工资？如果这个朋友既要工资，又要股份，合理吗？

有一种情况是，股东只是投资，而不在公司上班，偶尔会来参与讨论一部分公司的事务，我们定义这部分人为投资合伙人。这种类型的合伙人可以拿股份，但不拿工资。如参与重大会议，耗费时间较多时，可以考虑给一部分补助。

另一种情况是在公司全职上班的股东，对公司又投资又出力的，这种情况下的股东是否应该既给股份又给工资呢？这就引出了身份的概念，可以说身份在社会中扮演了重要角色，是评判一个人做事的重要标准，也是一个人做事心态的出发点。比如亲妈照看孩子和保姆照看孩子，哪个更让人放心呢？显然亲妈更让人放心。这主要是因为亲妈和保姆身份不同，对孩子的感情也不同，因此也决定了她们对待孩子的方式不同。

同理，股东和雇员两种身份的不同，也决定了他们做事态度的不同。股东多以主人翁态度做事，雇员则是被动从属者居多。如何判断这个创业者的身份是雇员还是股东呢？

首先，看公司给他的是股份还是期权，如果是期权或者是小于2%的股份，他有可能认为自己是雇员，处于从属地位，因此做事干活可能就不会那么上心。

其次，从心态来判断。看他对工资的渴望度，如果对工资渴望度高就是雇员，相反是合伙人。在企业初创阶段，合伙人大多会主动承担经济上的风险，也就是说，不拿工资奖金或者少拿是完全正常的。我们主张对全职合伙人的工资采取记账方式，在公司有现金收入后，应该尽快恢复正常的工资水平或兑付应付的工资，以显示公平。如果不拿工资，只拿年底分红，诸多案例都证明了这是不可取的。如果是雇员，公司可考虑开出比在大公司还要高的工资，因为雇员承担了较大的风险——因初创公司倒闭概率高，会导致失业及失业期无资金来源而造成生活窘迫的困境，还包括创业公司工作失败后对于雇员个人的职业生涯声誉的影响。如果是雇员，国内的创业公司还要考虑到股权授予通常没有合法的保护，因此大部分雇员通常会要求替换或者增加更直接的现金补偿，这就是工资用来弥补这方面的风险的主要原因。如此看来，雇员要求较高的工资也是合理的，大股东不要因为创业者有了股份，就不给他发工资，更不能因为他要了工资，就否定这个人不适合当合伙人。事物具有多面性，多站在对方角度考虑，有很多问题就会迎刃而解。

对于创业公司来说，如果混淆雇员与合伙人的身份，在合作中就会造成误会，进而互相指责、埋怨，最终一步步分裂合伙关系，造成不愉快且无法弥补的结果。故在合作之初，合伙人就应该确定好各自的身份，设定每种身份应该承担的责任和得到的报酬。

股东不代表不拿工资，拿了工资也不代表不是股东。在合伙中，更重要的是关于合伙人岗位、职责的划分；贡献大小的评定、考核；合伙人晋升淘汰制度等，让贡献大的合伙人拿得更多，让贡献少的合伙人拿得更少，甚至淘汰出局，这才是比拿不拿工资更重要的制度。

| 两兄弟合伙创业，为何友谊的小船说翻就翻 |

如果说上一个十年是房地产投资的黄金十年，你错过了房地产投资的话，可能就错过了一个绝佳的投资机会。在我看来，未来的十年，是一个股权投资的十年。假想二十年前，你投资了像马云、马化腾的企业，当时的1元投资现在不知道翻了多少倍，这就是股权投资可能产生的巨大回报。

但是，股权投资虽然回报很诱人，风险也很大，稍不注意就有可能失败，甚至导致你和朋友的决裂。

案·例·分·享

十年兄弟梦断股权，一波三折官司不断

这是我们团队最近处理的一个案例，每每想到此案总觉得可惜，客户不懂股权，加之法律意识淡薄，闹得纠纷不断，损失惨重。

2007年，张军在郑州大学EMBA班认识了李明，李明是班长，属于社会名流，企业做得风生水起。张军内向，学历不高，加上他做的是很传统的商贸企业，就想傍上李明这个“大款哥”。

李明性格豪爽，也够朋友，在社会上呼风唤雨，于是张军便主动靠近李明。张军自愿给李明当司机，拎包当助理。李明去哪儿，张军就主动负责给李明开车，每次汽车加油也都是张军自己加；吃饭张军也抢着付钱，只为在李明面前留一个好印象。

张军的这些付出终于得到了回报。2010年，李明找到张军，和他讲，大家都是兄弟，他愿意拉张军一把。他要做一个

大生意，想让张军入股。这个项目计划出资1亿元，为体现他对张军的照顾，让张军占股10%，本应出资1000万元，但张军实际上只需要出资500万元，就可拥有这10%的股份。张军很感谢李明，觉得自己这几年的付出值了。

2010年4月12日，李明与张军二人在郑州市上街区注册了一家股份公司，实际注册资金1亿元，李明占股90%，张军占股10%。张军名下的钱是李明代出的，公司在郑州市上街区征地200亩，开始运作高科技项目。

之后，李明让张军写了一张借条，表明这1000万元的出资是张军借用李明的钱。张军也觉得理应如此，就依此照办。双方口头约定，张军今后只需要还给李明500万元，该欠条即可作废。一个月后，张军给李明转账500万元，打款之后，张军要拿回欠条，李明说下次见面给。就这样一拖再拖，事后李明说欠条早已经撕掉了。

双方合作好景不长，在后来的经营过程中，李明从未让张军看账目，财务也从来不公开。后二人经营理念出现分歧，2015年10月12日双方经协商后同意，张军在公司已经5年，未取得任何红利，李明口头同意张军以1000万元的价格，转让10%股份给李明的儿子李小明，张军就此退出公司。

随后，张军与李小明在郑州股权中心办理了股权转让手续。李小明给张军500万元，剩余的500万元则是写了一张欠条给张军，但一直不兑现。

2015年12月28日，张军起诉李小明，要他偿还剩余的

500 万元。谁知在诉讼过程中，出乎意料的事发生了，2016 年 3 月 9 日，李明拿出了之前未撕毁的张军的那张借条，起诉要求张军还 500 万元。张军这才恍然大悟，原来那张欠条李明一直保存着，从未撕毁。

因一时大意，现在却百口莫辩……如果在当初创业时可以理性对待合伙，而不是盲目信任的话，或许就不会是这样的结果了。

| 合伙人纠纷化解的五大原则，你用过几个 |

常常有朋友问我：我们的合伙出现了纠纷，你能不能帮我化解？我想就我 15 年的执业经历，谈一谈我们在化解合伙纠纷之中的一些心得，大致有这五大原则：

（1）居中原则。

当有纠纷的双方找到我们的时候，我们的出发点是居中，即不偏袒任何一方，并且我们也会事先亮明我们的观点，我们是中立的，是帮你们化解纠纷的。只有当我们秉持居中的原则时，才能化解合伙双方对我们的顾虑，才可能使双方敞开心扉进行沟通。

（2）聆听原则。

在我们化解合伙人纠纷的过程中，我们定有一个规则：A 在发言时，B 不准插话、不准打断；同样，B 在发言时，A 也不准插话、不准打断，这样就避免了双方言语的直接冲突和争吵。如果 A、B 发完言之后，双方还有新的意见，也可以进行补充。这个原则是我们借鉴法庭处理问题的一个规则，即进行按顺序辩论。通过这样有效、完整的沟通，才可能让对方听到以前完全没听到的观点，才可能让双方少些争执，多些了解。

（3）接纳原则。

我们会在事先给大家讲明任何事物或观点都没有绝对的好，也没有绝对的坏。合伙并不一定就是好事，散伙并不一定就是坏事。任何一个人所表达的观点，不过是根据他的切身经历、身处的环境及他的所听所见而做出的个人判断。通过这样的沟通，让每个人谈出自己的真实感受，对事不对人，不要因为某一件事情否定某一个人。只有双方真正接纳对方观点的时候，合伙纠纷的化解才有基础。

（4）感情原则。

我们在化解纠纷的时候经常会打“感情牌”，先让对方谈一谈当初为什么合伙。因为双方的合伙绝对不是偶然，一定是基于对对方人品的欣赏、能力的认可、事业的认同或者共同的经历，才会在一起合作。只不过在合作过程中出现一些沟通不畅，才导致一些分歧的出现。这是回忆过去。还有一个是展望未来。如果双方能进行坦诚的合作，那么能不能更好地达成目标？因为合作过程中难免会出现分歧，但只要双方的目标一致，还是很有希望继续合作并最终取得成功的。就像当年唐僧和孙悟空一起去西天取经，在三打白骨精的地方也发生过分歧一样，只有双方握手言和才能更有效地达成目标。所以感情原则也是我们在处理问题的时候经常用到的。

（5）引进落空原则。

引进落空可以更好地达到沟通目的，这是从太极拳中引申过来的。太极拳中有一个“四两拨千斤”的招式，当对方出拳的时候，你顺着对方出拳的力度轻轻地顺一下，然后把对方的力量化解，然后你再进行还击，这时候可能对方就没有还手之力了。那么，在沟通过程中，当对方说出他的观点时，你可以说一句：“你的观点我全部听到了，非常有道理。”这样就把对方的话语给接过来了。同时，你说“我也有个想法，想跟你表达”或者“我有个想法，想和你沟通”。对方这时候就很难有理由拒绝你，他就会听你说。如果对方的观点你一口否定，当你发言的时候，他也会根本听不进去。所以，引进落空的原则，对于误会的消除非常有好处。

综上，这是我们处理纠纷时常用的几个原则：居中原则、聆听原则、接纳原则、感情原则和引进落空原则，希望这几个原则对企业化解合伙纠纷有所帮助。俗话说“当局者迷，旁观者清”，当你真正站在一个第三方的角度来看待你们的合伙纠纷时，或者你扮演律师的身份来参与你们的调解时，也许你们的矛盾会瞬间烟消云散。

上亿股权纠纷案例，这四点教训值得所有创业者深思

首先，我们来分享一个合伙纠纷案例，是一个因为合伙不当，导致上亿元项目被搁置的案例。

案·例·分·享

合伙不当，上亿元项目就此搁置

如漆似胶的合伙开始

时光回到2013年，从事30多年教育工作的女校长，在经历一番曲折之后，双喜临门，从政府手里拿到了梦寐以求的批文，设立了一所私立中学，并拿到划拨用地100亩。

该项目预计投资2.2亿元，女校长开始寻找自己的合伙人。经人牵线搭桥，推荐了上海的一位总裁，称其有足够资金和实力，可以入股该项目。双方一见如故，女校长也眼前一亮，小伙年轻有为，一表人才，女校长将自己的闺女也介绍给了这位总裁，以结“秦晋之好”。

女校长和这位总裁二人一拍即合，共同投身教育事业，之

后女校长又邀请自己的远房亲戚、大学老师孙教授加入，负责学校的学术建设工作。

三方签署了一份《合伙协议》：女校长、霸道总裁和孙教授 3 人的股权比例依次为：55%、35% 和 10%，按项目进度分批投资，项目的财务、出纳由霸道总裁委派的“90 后”美女负责。

前期合伙正常进行

幸福的合伙是相似的，不幸的合伙则各有各的不幸。这 3 个人的合伙，一开始非常融洽，项目也在如火如荼地进行，女校长全身心地投入建设，亲自监督一座座教学楼的施工工作，她看在眼里，喜在心上。而这位总裁呢，偶尔也会到项目工地进行考察。另外一位合伙人孙教授则依旧在大学里教书，3 方看似风平浪静，一切正常。

合伙后期冲突不断，导致上亿项目搁置

3 年后，即 2016 年年初，离设定的完工日期还有 9 个月。女校长和这位总裁开始发生冲突。

女校长抱怨说：“这位总裁资金出了问题，开始找各种理由，挑刺说我建设违规，违反《合伙协议》，并且还要求退出这个项目。”

这位总裁则是一肚子苦水，向我倾诉道：“耿律师啊，这个项目我也投了 2000 多万元了。项目不是她一个人的，我来学校考察，建议学校餐厅里建一个咖啡馆或者小型电影院。她说建这些虚头巴脑的建筑干吗，也不实用，这给我的感觉就是她不尊重我。还有，建设过程中的资金支付都不合规，基本的发票都没有……”

女校长一听这话，都快哭了：“我一个人负责这么大一个工地，老公基本上没有离开过工地。我们天天累到半夜才回家。至于你说的咖啡馆和电影院的问题，我主要考虑的是建筑物的实用性，为了省钱，毕竟学校建设不同于其他项目……”

双方就这样无休止地争吵，没有结果。这位总裁一气之下，让“90后”美女财务停止了一切付款行为，工程停工。这可把女校长急得不行，因为她要赶工期，9月份开学还等着用呢。急得她血压升高，彻夜难眠，但双方依然多次商谈无果。

假如时光回到3年前，女校长请我们当她的股权专项顾问，我们会怎么做呢？

首先，我们会让女校长列出找合伙人的目的是什么？合伙人需要具备哪些特征？对合伙期待的是什么资源？想达到的结果是什么？渴望的理想合作模式是什么？

具体到本项目，女校长招募的合伙人应具备以下条件：资金实力雄厚，不干涉项目建设和后期运营，参与分红和重大事项讨论。

基于此，女校长应与这位总裁约定清楚，资金全部到位后才可以成为合伙人，未到位部分的股份，可以约定总裁负责退还或者只承认资金到位部分的股份。如此，这位总裁资金不到位的风险即可被避免。

其次，关于合伙人的身份定位问题。比如：全职合伙人、兼职合伙人、投资合伙人。合伙人的身份定位便决定了其行为和考核点的不同。女校长是全职合伙人，出钱出人，人要全职在公司贡献和付出；兼职合伙人孙教授是投钱和导入资源；这位总裁是投资合伙人，投钱但不干涉公司的日常经营管理。

具体到本案例，女校长应和这位总裁约定：如何确保财务安全审查机制，投资回报优先承诺机制，这位总裁不得干涉公司日常经营等。提前安排好这些，就不会发生因为理念不同而导致的股东冲突。

再次，合伙人要提前约定项目的盈亏平衡期，在项目盈亏平衡期内不得退伙。做任何事情，三年一小成，十年一大成，做事业不是小孩过家家，说来就来，说走就走。前期更多的是投入期，要考虑好才进行合作。锁定合伙人的合伙期限，以此保证项目的稳定性。

最后，合伙要有一个明确的、清晰的、分层次的退出机制。基于项目的各种风险，提前约定合伙人的退出机制，让合伙不会成为僵局。

第九章

小股东如何保证分红权及利益不受损

小股东如何保证投资不会打水漂
小股东如何保证分红权
大股东和小股东产生分歧，能否将小股东开除
别再傻了，工商局提供的公司章程模版是个“大坑”
持股 1% 的小股东如何将持股 99% 的大股东除名
说好的理财产品，怎么就变成了原始股投资
干了 10 个月，出资 10 万元想让大股东 300 万元回购股权，可能吗

小股东如何保证投资不会打水漂

现实中，有这样一种现象：在投资前，大股东把小股东很当回事，甜言蜜语说尽；一旦小股东把钱投到公司，交给大股东后，分钱时小股东可就为难了，常常会使投资打水漂。所以，小股东应该如何保证自己的投资得到应有的回报呢？

案·例·分·享

公司约定不清，有可能导致小股东拿不到应有的分红权

李明和张强是老乡，彼此在一起很投缘，也聊得来，看到别人纷纷合伙创业，两人就萌生了一起开公司的想法。2012 年 11 月，张强和李明达成了合作意向，准备共同出资注册一家商贸有限公司，注册资本为 200 万元，其中李明出资 80 万元，占股比例 40%，张强出资 120 万元，占股份比例 60%。

2013 年 1 月，公司在张强和李明的操持下正式成立，俩人约定如下：（1）张强担任公司总经理，法定代表人；（2）公司经营由张强负责；（3）公司财务由张强负责。因为李明还有自己的事业，所以对这家公司的经营情况几乎从不过问，公司的所有事情基本上由张强一个人说了算。到2013年年底，张强借口公司刚起步，尚未赢利，未对李明进行分红；2014年年底，张强借口公司有新项目计划，依然未对李明进行分红；2015年年底，张强又借口公司亏损，拒绝分红给李明。

但此时，李明听说张强很早就在外面以自己表弟的名义成立了一家类似的公司，并把公司资金转移到了那家自己的公司。于是李明要求查账，但遭到了张强的拒绝。李明咨询我们应该如何维权，是协商还是诉讼？诉讼的话，是否起诉知情权，理论上虽然会赢，但实际上呢？李明可能是最后的输家。因为有可能在漫长的诉讼过程中，张强将公司完全掏空。

如何解决这类问题呢？我们的建议是：

第一，专业人做专业事。小股东与大股东唯一一次平等谈判的机会，可能就是在签订章程或协议之时。小股东在设计公司章程及签订股权协议时，最好邀请专业人士一起参与，一定要设计一套合理、有效的管控机制，维护自身的权益。

第二，把兄弟和生意分开，兄弟的归兄弟，生意的归生意。不要用兄弟感情追求共同利益，而要用共同利益追求兄弟情义。

第三，财务要完全公开、透明。脱离规则谈合作，结局必定不会太好。

第四，双方签订《对赌协议》，让大股东对投资回报进行相应约定，增加其责任心和压力感。

第五，区分投资股和人力股，对大股东的经营设定合理的奖惩措施，调动大股东经营的积极性。

第六，对大股东设定同业竞争限制条款，一旦发现大股东自营或与他人联手经营，则设定高额的违约金机制或者小股东股份退出机制。

通过这个案例，希望大家在以后的合伙中，不管是大股东还是小股东，都要有一种规则意识，千万不要凭哥们义气做事，最后可能没有赢家。总之，创业不易，投资尤慎。

小股东如何保证分红权

曾经有一个小股东找到我们，讲述他的苦恼。他出资 100 万元投资了一家公司，但没有在公司中担任高管职务，也不负责公司的经营管理。两年多了，没有分红，对公司的盈利亏损也难以了解。现在的问题是：他如何维权？

这个问题很多小股东都会碰到。在企业的经营过程中，大股东是企业的控股股东，日夜操劳，加之大股东承担投资风险，在赢利并壮大的过程中，大股东呕心沥血，付出的比小股东多很多。所以，在企业赢利之后，大股东在情感上不愿意将公司红利分给“不劳而获”的小股东。基于此，才导致小股东在客观上不可能了解到公司的实际赢利情况，而且在大股东的内心深处也不愿意分红。

遇到这种情况小股东应该怎么办呢？在实务操作中，初创企业，财务制度都还不太规范，我们对这样的合伙有一个建议，即约定分红在先，财务公开透明，具体条款如下：

①双方约定每年分红一次或每半年分红一次。具体时间双方可以另行商定；

②财务公开透明；

③双方约定财务负责人每日将财务收支明细发至合伙人指定的邮箱，各合伙人对财务有任何异议，可书面或口头向财务提出，财务人员负责解释，甚至召开合伙人会议讨论；

④财务费用因私支出，由合伙人各自承担，因公支出，须事先经其他任何一名合伙人书面或口头同意，口头同意的事完成后须经对方书面确认。否则，一律不得视为因公支出费用；

⑤每年度合伙人可将财务报表提交会计师事务所审计，如审计后存在财务问题，费用由公司承担。如审计后无问题，费用由公司和个人各自承担一半。

在本案中，很显然小股东的各项权利并未得到有效的实施。我们接受小股东的委托与大股东进行谈判，讲明利害情况后，大股东同意分红，并按期进行分红。双方重新确定了分红规则，从而保障了小股东在这家公司的分红权。

| 大股东和小股东产生分歧，能否将小股东开除 |

甲、乙二人成立了打天下有限公司，甲占 70% 股份，乙占 30% 股份。甲为公司法定代表人，后因双方经营理念不同，产生矛盾，乙拒绝缴纳出资，甲有意让乙退出公司，乙不同意，甲能否强制要求乙方退出？这是否有法律依据？

此案例涉及了除名条款，它又被称为退股条款。（具体的法律条文附在这节文后。）其操作步骤是：股东除名必须严格把握相关的前提条件，依照相关法律规定制定合法的程序并严格执行。

对股东除名的具体程序可以通过非诉讼和诉讼两种途径解决：

（1）非诉讼程序。

2011 年，《最高人民法院关于适用 < 中华人民共和国公司法 > 若干问题的规定》明确了对未完全缴纳出资或抽逃全部出资的股东，可以股东会决议的形式予以除名。

具体做法是：甲召开股东会会议对乙催告缴纳，乙在合理期限内仍未缴纳的，解除其股东资格。催告缴纳期限届满，再次召开股东会会议，对除名事项进行表决，因除名事项事关重大，该决议应经过代表三分之二以上表决权的股东通过，公司章程另有约定除外。在本案中，因大股东甲占了 70% 的份额（超过三分之二），因此股东会作出的决议肯定是有效的。值得注意的是，如被除名股东未出席股东会会议的，应及时将该决议通知被除名股东，被除名股东收到通知后 60 日之内可申请法院撤销该决议。如超过 60 日未申请撤销，则出资期限届满，除名决议生效，公司到工商部门办理股东变更手续即可。

（2）诉讼程序。

公司可以以被除名股东为被告，请求法院判决被告转让其拥有的全部股份，然后依法院判决到工商部门办理变更登记。

采取非诉程序的优点是成本低，程序简单，但因我国多数工商行政管理部门规定办理股权变更登记须持有转让双方签订的《股权转让协议》，故只依据《股东会议除名决议》办理变更登记未必会获得工商部门同意。而且对于股权价格双方也有可能发生争议。

而采取诉讼程序的缺点是成本较高，程序烦琐，要经历立案、审判、判决等一系列过程。但其优点是显而易见的：一方面，因司法机关的介入，“开除股东”已具有法律效力；另一方面，持法院判决到工商行政部门办理变更手续也不会遇到太多阻力。

下面附相关法律条文，仅供大家参考。

附:《最高人民法院关于适用〈中华人民共和国公司法〉若干问题的规定》

第十八条　有限责任公司的股东未履行出资义务或者抽逃全部出资，经公司催告缴纳或者返还，其在合理期间内仍未缴纳或者返还出资，公司以股东会决议解除该股东的股东资格，该股东请求确认该解除行为无效的，人民法院不予支持。

在前款规定的情形下，人民法院在判决时应当释明，公司应当及时办理法定减资程序或者由其他股东或者第三人缴纳相应的出资。在办理法定减资程序或者其他股东或者第三人缴纳相应的出资之前，公司债权人依照本规定第十三条或者第十四条请求相关当事人承担相应责任的，人民法院应予支持。

股东除名制度，最早出现于合伙等承担无限连带责任的商业主体中，是指通过强制的方式，让某一股东转让其在公司所持有的股份或股权，进而取消其股东资格，让其退出公司的一种行为。我国《公司法》并未明确规定股东除名条款，仅在第七十一条最后一款规定“公司章程对股权转让另有规定的，从其规定”。这就成为以章程规定退股条款的法律依据。

2011年，《最高人民法院关于适用<中华人民共和国公司法>若干问题的规定》明确了对未完全缴纳出资或抽逃全部出资的股东，可以股东会决议的形式予以除名。

由此可见，大股东可以开除小股东，但有非常严格的条件。股东除名机制可以在公司内部建立，有利于打破公司僵局，促进公司的稳定和发展。但是，由于法律规定不够明确，在操作股东除名时，必须谨慎为之，且最好有法律专业人士的指导。

别再傻了，工商局提供的公司章程模版是个“大坑”

案·例·分·享

公司章程写不清楚，有可能把公司控制权拱手送人

幸福的合伙开始

第一次见到辛蕊，我们就能感受到一个成功的女企业家身上那种浓浓的职业范儿，干脆、干练。故事得从10年前说起，辛蕊从一家国有建筑企业下海创业，同时创业的还有张勇，张勇比她大了10岁，人很稳重，不爱多说话，干技术活非常认真。双方股份比例：辛蕊77%，张勇23%。建筑行业对资质要求很严格，所以公司的注册资本为1亿元。10年房地产黄金期，借此大势，辛蕊越做越好。2013年，房地产行业受大环境的影响，开始下滑，建筑行业也受到影响，辛蕊作为公司掌舵人有些力不从心。为了缓解现状，她给公司跟随快10年的高管李健、王丰各出让了1%和5%的股份。股份调整后，公司经营略有好转。

中途引狼入室

2015年，房地产调控，加之张勇年龄大了，逐渐淡出了公司管理，处于半退休状态。辛蕊受此影响，少了那份淡定，她意识到公司要继续发展下去，必须引进更多优秀的人才，刘汉进入辛蕊的视线。刘汉自己创过业，并且做得还挺成功，后

来卖掉公司，移民加拿大。在辛蕊眼里，这个40岁的男人有很多她欣赏的地方。她卖给刘汉30%的股份，公司股东变为5人，又重新修订了《公司章程》。刘汉安排自己的弟弟刘能成为公司的显名股东，辛蕊、刘汉、张勇为公司的董事，辛蕊为董事长。三人的持股比例为辛蕊41%、刘汉30%、张勇23%。刚开始合作的时候，刘汉基本上属于兼职状态，往公司源源不断地输入资源，各方合作甚好。

2016年年初，刘汉从国外回来，提出在公司上班。辛蕊满口答应。刘汉被委任为公司的总经理，负责全面工作。辛蕊负责公司战略把控和财务监管工作。好景不长，公司经营中三人出现了摩擦。财务告诉辛蕊，刘汉对外以公司的应收账款为抵押，计划贷款2000万元。刘汉去财务盖章的时候，财务报告给了辛蕊。辛蕊此时发现公司快要“失控”了。原来，刘汉和赋闲在家的张勇联合起来，绕过辛蕊做了很多她不知道的事情。

辛蕊咨询的问题是：如何保证她在公司的控制权？

我们首先看了这家公司的基本情况：

（1）公司章程。

我们首先查看公司的公司章程。不出所料，当辛蕊拿来公司章程时，我们看到的是一份市场监督管理局模板的“傻瓜”公司章程。不具备任何实际操作意义。

（2）董事会。

辛蕊提到将刘汉从董事会里改选或罢免。但是实际情况：董事会的三个董事是辛蕊、刘汉、张勇，很多董事会决议的通过是无法绕开刘汉和张勇的，而现在刘汉和张勇又在同一战壕。

（3）股权比例。

辛蕊的股权比例为41%，刘汉的股权比例为30%，张勇为23%，刘汉和张勇相加，总计超过51%，刘汉和张勇实现对公司相对控股，如果对方真的采取一些措施，辛蕊会更麻烦。好在辛蕊在公司经营层面控制了公司的核心资源和财务，刘汉对此还是有所顾忌的。

综上，辛蕊在控制权之争方面，因事先没有考虑周全，导致难度重重。这个问题还有解决办法吗？

小武股权团队给出的解决思路如下：

（1）先从公司管理层面进行规范。

首先，规范公司各个岗位的岗位职责、考核标准及权限，完善公司的管理制度。

其次，与公司全职工作的股东签署《劳动合同》。如果在管理层面刘汉违反公司的相关规定，出现越权，辛蕊就可以以此名义，对刘汉采取措施，解除公司与刘汉的劳动关系，削弱甚至消除其在公司的影响力。

（2）与股东张勇联盟。

找张勇进行深入的沟通，说明目前公司的真相，晓以利弊，凭多年的共事关系，探究倒戈根源。如能回购张勇股份，就回购其股份。如果不能回购股份，就让张勇将表决权委托给辛蕊。

但请神容易送神难，至今辛蕊的控制权问题依然没有得到很好的解决。

公司控制权需要每位企业家认真思考，这样的案例太多了，国美黄光裕与陈晓之争、真功夫的潘宇海与蔡达标之争，还有万科宝能的控制权之争……

提前谋划好公司的股权结构，制定个性化的公司章程，在保证公司控制权的同时，也完善公司治理结构的游戏规则。让每个人都知道自己该如何去玩好经营公司这个游戏，而不是践踏游戏规则。不要相信所谓的“情谊、血脉”，而应当用规则去处理股东之间的关系。

持股1%的小股东如何将持股99%的大股东除名

持股 1% 的股东将持股 99% 的股东除名，这是真的吗?

首先看一个真实的案例:

案·例·分·享

持股1%的股东如何将持股99%的大股东除名

上海万禹国际贸易有限公司（以下简称万禹公司）成立于2009年3月11日，注册资本为人民币100万元，当时的股东为宋余祥、高标，其中宋余祥担任执行董事，高标担任监事。

2012年8月28日，万禹公司召开股东会会议，作出决议：（1）增加公司注册资本，由100万元增至1亿元；（2）吸收新股东杭州豪旭贸易有限公司（以下简称豪旭公司）；（3）增资后的股东出资情况、股权比例为宋余祥60万元（0.6%）、高标40万元（0.4%）、豪旭公司9900万元（99%）。同日，万禹公司通过新的公司章程，公司章程中关于公司注册资本、股东出资额及持股比例的内容与上述股东会决议一致。

2012年9月14日，两家案外公司汇入豪旭公司的银行账户共计9900万元。同日，豪旭公司将该9900万元汇入万禹公司的银行账户内。同时，上海大诚会计师事务所出具验资报告，载明："经验资，截至2012年9月14日，万禹公司已收到豪旭公司缴纳的新增注册资本（实收资本）9900万元，出资方式为货币出资。"

2012年9月17日，豪旭公司将增资验资款9900万元从万禹公司账户中转出，通过一系列账户流转，还给了两家案外公司。后来，两个自然人股东宋余祥、高标就召开股东会，作出决议，将豪旭除名。

由于豪旭公司对上述股东会决议不认可，宋余祥作为万禹公司股东，诉至法院，请求确认万禹公司2014年3月25日做出的股东会决议有效。

第三人豪旭公司述称，豪旭公司未抽逃出资，即使有抽逃出资行为，其仍具有股东资格和股东权利，对股东会会议拥有99%的表决权。其已表决否决了2014年3月25日的股东会决议，该股东会决议无效。

法院对此案的判决结果是：

一审法院认为，根据《公司法》第四十二条的规定，股东会会议由股东按照出资比例行使表决权，在无公司章程特别约定的情况下，该“出资比例”应为认缴的出资比例。本案即使豪旭公司存在抽逃出资行为，亦不影响其根据认缴出资比例对股东会会议行使表决权。故对于万禹公司于2014年3月25日做出的股东会决议，拥有99%股权的豪旭公司，对其中解除豪旭公司股东资格的事项已予以否决，该审议事项应属未被通过。据此，一审判决：驳回宋余祥的诉讼请求。

宋余祥和万禹公司不服，提起上诉，认为豪旭公司抽逃出资属实，对于豪旭公司抽逃出资而应被解除股东资格的股东会决议，豪旭公司应当回避，不具有表决权。故2014年3月25日做出的股东会决议应属有效。上诉请求改判支持原告的原审诉请。

二审法院认为，本案的证据能够证明豪旭公司抽逃了其认缴的9900万元的全部出资款，且经万禹公司催告后在合理期限内仍不返还。根据最高人民法院《关于适用《〈中华人民共和国公司法〉若干问题的规定(三)》第十七条有关股东除名的规定，股东会对拒不出资的股东予以除名的，该股东对该表决事项不具有表决权。本案对于豪旭公司抽逃全部出资的行为，万禹公司已给予了合理期限的催告，并在召开股东会时通知豪旭公司代表参加，给予其申辩的权利。最后表决时豪旭公司对其是否被解除股东资格不具有表决权。万禹公司另两名股东以100%表决权同意并通过了对豪旭公司股东资格的决议，该决议有效。

豪旭公司股东资格被解除后，万禹公司应当及时办理法定减资程序或者由其他股东或第三方缴纳相应的出资。据此，二审判决：(1)撤销原判；(2)确认万禹公司于2014年3月25日做出的股东会决议有效。

如果企业的股东出资未到位，或者抽逃出资后，他的股东资格可能会被解除，因此有可能出现持股1%的小股东将持股99%的大股东除名的现象。

附：最高人民法院关于适用《中华人民共和国公司法》若干问题的规定(三)

第十八条　有限责任公司的股东未履行出资义务或者抽逃全部出资，经公司催告缴纳或者返还，其在合理期间内仍未缴纳或者返还出资，公司以股东会决议解除该股东的股东资格，该股东请求确认该解除行为无效的，人民法院不予支持。

在前款规定的情形下，人民法院在判决时应当释明，公司应当及时办理法定减资程序或者由其他股东或者第三人缴纳相应的出资。在办理法定减资程序或者其他股东或者第三人缴纳相应的出资之前，公司债权人依照本规定第十三条或者第十四条请求相关当事人承担相应责任的，人民法院应予支持。

| 说好的理财产品，怎么就变成了原始股投资 |

李秀云拿着一份《原始股投资协议》，找到我们进行咨询。初见李秀云时，看得出她一脸愁容，难掩疲倦。下面来看一下她的原始股投资经历。

案·例·分·享

理财产品怎么就变成了原始股投资

李秀云生于20世纪50年代，是原国有企业某厂职工。90年代末，工厂难以为继，和她同在一个厂里的丈夫也同时下岗。为了两个正在上学的孩子，夫妻俩起早贪黑，什么苦都吃了，辛辛苦苦攒了30万元。2015年6月，李秀云到银行存钱，在门口遇到了聚宝盆公司的员工张某。张某向她推荐了公司的理财产品，声称该产品的年化收益率高达35%。

在张某的劝说下，李秀云对此理财产品产生了浓厚的兴趣，并在张某的协助下，与聚宝盆公司签署了一份《原始股投资协议》，协议要点如下：（1）协议的甲方为郑州某公司的老年医药项目；（2）协议的乙方为李秀云，其以合伙人身份进入公司老年医药项目，但不参与经营，每年按照本金的35%收取利息；（3）协议的丙方为聚宝盆公司，其向郑州某公司收取本金10%的服务费。李秀云当时对《原始股投资协议》提出了质疑，但张某解释说，之所以做成《原始股投资协议》，完全是为了掩人耳目，目的是为了规避高利贷的法律风险，当时他还向李秀云展示了已经签约的客户，共有300余人。李秀云于是将自己辛辛苦苦积攒的30万元全部取出，并签订《原始股投资协议》。

2017年6月初，协议到期后，李秀云到聚宝盆投资公司要求支付本金及利息。但聚宝盆投资公司却告知，由于郑州某公司老年医药项目运作失败，无法支付本金及利息。到6月中旬，来聚宝盆公司要账的人已经人满为患，无奈之下，李秀云将聚宝盆公司告上法庭，要求对方按协议约定支付本金及利息。在庭审过程中，聚宝盆公司辩称双方是合伙关系，签订的是合伙协议，李秀云应当对合伙企业的经营风险承担责任。

最终法院认定：在本案的《原始股投资协议》中，双方在一开始就没有共同经营、共担风险、共享收益的约定及共识。该协议内容明显不符合合伙的特征，故原告、被告之间是名为合伙，实为借贷的关系，投资款作为借贷本金应予返还，双方之间的借贷利息因超出法律规定，对超出部分不予支持。

该案件在现今社会具有普遍意义，很多金融投资理财机构推出的理财产品，为了规避高利贷的法律风险，都以《合伙协议》的形式予以掩盖，这种做法不仅给投资者带来巨大的法律风险，同时也严重影响国家金融秩序。随着近些年该类案件增多，人民法院已经对此类案件的审理方向达成了共识，即名为股实为债。投资需谨慎，要找专业人士咨询后再做决定。

附:《民法通则》

第三十条　个人合伙是指两个以上公民按照协议，各自提供资金、实物、技术等，合伙经营、共同劳动。

第三十一条　合伙人应当对出资数额、盈余分配、债务承担、入伙、退伙、合伙终止等事项，订立书面协议。

第三十二条　合伙人投入的财产，由合伙人统一管理和使用。合伙经营积累的财产，归合伙人共有。

干了10个月，出资10万元想让大股东300万元回购股权，可能吗

案·例·分·享

股权协议约定不清，公司很有可能陷入危机

张阳、李峰、刘闯三人是大学同学，毕业后一起成立了创风科技公司。

公司的股东协议是这么写的：（1）张阳出资80万，李峰、刘闯分别出资10万，股权比例为80%、10%、10%；（2）张阳任公司总经理、法定代表人；（3）李峰负责公司产品研发；（4）刘闯负责公司行政事务。

由于公司战略及定位准确，公司前期发展顺风顺水，业务规模、人员规模急速增加，公司在业内声望也稳步提升。半年后，张阳在参加一次朋友聚会时，认识了专做科技企业股权投资的王总，详聊之下，王总非常希望投资创风科技公司，张阳也有意愿引进投资人，以便快速做大做强。两周后，王总以股权投资进入该公司，对创风科技公司估值500万元，投资100万元，占股20%。此时，作为大学同窗4年的朋友，刘闯看着张阳风光无限，受邀在省内的各大活动发表演讲，接待各类投资人、政府领导，但对公司烦琐的大小事项却不再过问，全压给了刘闯，收入却比刘闯高得多，股权更是如此。这种不平

衡的心理在后期的经营分歧中彻底爆发了，在公司主营业务发展势头正猛之际，张阳提出上马业内前沿的新项目，用资本开道，抢占市场。刘闯认为虽然公司发展势头良好，但在业内依旧是一家中小企业，应当稳扎稳打，稳步扩张，贸然突进，风险太大。张阳占股 80%，不顾刘闯、李峰的反对，强行上马了新项目。刘闯一气之下，提出离职。

一年后，公司规模越做越大，新一轮估值高达 3000 万元。这时，刘闯提出让张阳以估值价格回购其 10% 的股权（股权价值高达 300 万元）的要求。张阳认为，刘闯在公司工作不到一年，当初只投资 10 万元，现在就狮子大张口要 300 万元，便觉得不公平。然而，他们之间签署的股东协议又没有对股东退出有任何规定，张阳由此陷入两难境地。

通过上述案例，小武股权律师团队再次提醒大家，一份完善的股东协议是企业发展的根基。在这个案例中，如果股东协议规定了完善的股权进入、退出机制、股权成熟机制、纠纷解决机制，就不会出现案例中的情况，不至于使公司陷入危机。

第十章

如何用机制避免股权分散的魔咒

老公代老婆签字的股东会决议是否有效
避免“罗辑思维”式合伙悲剧，需要注意这几个问题
合伙创业两人情同手足，最终为何反目成仇
五个亲兄弟为何难逃股权平均分配的“魔咒”

老公代老婆签字的股东会决议是否有效

之前我在昆明开了一个股权课程，有一位学员的案例非常值得大家思考，因此在这里列出。

A和3个朋友合伙创业，各出资25万元，各占25%的股份，A是法定代表人，现在4个人发生矛盾，那3个股东召开股东会，通知A去，但A没有去。现在得知那3个股东做出决议，免去A法定代表人职务，A向我提出两个问题：

（1）那3个人的决议有效吗？

（2）其中一个股东注册的时候用的是其老婆的名字，但每次开会都是其老公代开，字是其老公代签的，能不能主张老公代签的字无效？

我们了解后得知其公司章程是工商局的模板，对法定代表人的变更并无特别约定，同时我们了解到，从公司一成立，一个股东就是由老婆代为注册成股东的，开会代为签字，并非仅此一次。因此我们的回答如下：

第一，那三个人的股东会决议有效，因为按照《公司法》，公司法定代表人由公司章程规定，而公司章程经持表决权三分之二以上的股东通过可以修改。现在召开股东会通知 A 去，A 没有去，程序是合法的，公司章程的修改有效。

第二，至于代签字的问题，我们认为也是有效的。《合同法》第四十八条规定：行为人没有代理权、超越代理权或者代理权终止后以被代理人名义订立的合同，未经被代理人追认，对被代理人不发生效力，由行为人承担责任。相对人可以催告被代理人在一个月内予以追认。被代理人未作表示的，视为拒绝追认。合同被追认之前，善意相对人有撤销的权利。撤销应当以通知的方式作出。

纵观本案，在以往的股东会开会中，都是老公代老婆参加会议并签字。这是一种行为惯例。现在，如果我方主张撤销决议，其配偶一定会追认，所以该股东主张撤销的可能性极小。现在的局面对 A 是极为不利的。

那么，如何保证法定代表人不被轻易变更呢？大股东发起公司并且担任公司法定代表人，如果该股东想长期担任法定代表人，可以在公司章程中明确约定：公司法定代表人由某某担任，在变更公司法定代表人时，须经某某同意，非因法定代表人主观过错对公司造成损失的，不得变更法定代表人。

避免“罗辑思维”式合伙悲剧，需要注意这几个问题

案·例·分·享

企业合伙人出现分歧，如何才能避免股权纠纷出现

王轩，一个标准的技术男，在华为做了6年的技术，级别不低。因为父母年事已高，就选择了回家乡工作。在省会城市待了一段时间，没有发现特别让自己满意的工作。然后他就去了某创业园碰碰运气，准备自己创业做其擅长的智能硬件开发。故事就这样拉开了帷幕。

在创业园，他碰到了人生中的贵人张山，张山年过40，在创业园做招募创业者的工作。在政府事业编制单位的工作经历，造就了张山深邃和不可捉摸的性格。在和王轩见面之后，张山仿佛看到了当年的自己，对王轩格外有好感。张山自己投资100万元，赠送给王轩20%的股份，自己占80%的股份，开办了注册资本为100万元的小鸟科技公司。张山在创业园里帮助王轩，开始智能硬件开发工作。

因为张山有自己的本职工作，基本上对项目和公司没有参与任何经营管理，除了公司财务由自己的妻子负责，其他研发和管理上的事情都交给王轩去管理。而王轩不负所望，在管理上和技术上都采用最新的理念，公司在两年内慢慢做出了成就，产品研发成功，拿到国家技术专利，并且首批产品也对接上了大的合作商。

机会总是青睐那些有准备的人，小鸟科技后来被一家投资机构看中，投资人主动上门谈股权投资。公司估值7000万元，首次拿到了700万元的投资款，出让公司10%的股份。一切看起来都是那么的美好……

2016年过完春节，张山突然回到公司，和王轩沟通，他要从单位辞职，回到公司和王轩一起参与经营管理。王轩当场同意，双方商定：王轩负责自己擅长的产品研发，张山负责公司的管理和对外战略。

然而好景不长，因为两人经历不同，在很多理念上也不一致，双方开始发生摩擦。王轩明显感受到公司的文化从一个开放式的、轻松的氛围，逐渐变成一个类似于政府单位的氛围，他的研发团队也开始效率低下。

一个周三的下午，因观点不一致，张山和王轩发生了冲突，张山当着公司人说，这个公司是我投资的，王轩你记住你的20%股份是我赠送给你的，这公司我说了算。就这样把王轩给激怒了，双方还发生了肢体冲突。

王轩不甘心就这样被扫地出门，他找到张山说，我拿走我应得的部分。现在公司估值7000万元，20%的股份价值1400万元。你支付给我后，股份转让给你我就走人。张山则认为，当时是我赠送给你的股份，就是你现在退出也得按照当时的情况，只应该给你20万元。

在这个情况下，王轩找到我们，咨询如何保护自己的权益。

这主要涉及两个方面的内容：

首先，未思进先思退，未雨绸缪。

股权转让纠纷，在公司纠纷中数量排在第一位。股权转让纠纷越来越复杂，这要求公司在创始之初，需要以始为终的思维策略，规范公司的商事行为，防止后期出现各种各样的转让纠纷。

其次，股权转让价格如何确定。

不论是股东自愿转让股权，还是由法院强制股东转让股权，对转让价格的确定，都是非常重要的。股东和受让方对如何确定股权转让的价格，往往缺乏一个清晰明确的标准，从而导致了后期股权转让中各方对价格标准的理解发生争议。

实践中，确定股权转让价格通常有五种做法：

将股东出资时股权的价格作为转让价格；

将公司净资产额作为转让价格参考；

将审计、评估价格作为转让价格；

将拍卖、变卖价作为转让价格；

参考最近一期股权融资的股权价格作为转让价格。

上述几种方法都有可取之处，但也都有不足的地方。

第一种和第二种方法简单明了，便于计算和操作；第三种方法通过对公司会计账目、资产的清理核查，能梳理公司的资产状况；第四种方法引入市场机制，在一定程度上能够体现股权的市场价值。

但是，公司的生产经营活动，受经营者的决策及市场因素的影响较大，公司的资产状况处于动态变化之中，股东的出资与股权的实际价值往往存在较大的差异，如对股东的股权，未经作价以原出资额直接转让，这无疑混淆了股权与出资的概念；公司净资产虽然反映了公司一定的财务状况，但不能体现资金流转等公司运作的重要指数，也不能反映公司经营的实际情况；审计、评估能够反映公司的财产状况，也能对公司运作的大部分情况进行估算，却不能体现公司的不良资产率、公司发展前景等对股权价值有重要影响的因素；拍卖、变卖一般时间较紧，转让方和受让方常无法进行更多直接沟通。

而最后一种，基于公司最近一期公司融资的股权价格确定转让价格。实际上，公司根本没有任何现金流，还处于投入阶段，根本无法支付高额的估值带来的转让价款。如不能很好地理解和运用这几种方法，将造成股权的滥用，侵犯股东或者公司的合法权益。

基于单一的方法确定股权转让价格都是存在缺陷的，在实践中应注意：

（1）根据不同的转让情形，约定不同情形下的转让价格。

例如：基于某股东因未完成考核，或者造成公司利益受损，或者其他股东利益受损，就按照实际出资款的 8 折给予转让。

（2）综合多种方法来确定股权转让的价格。

在一开始，就约定清楚，如果发生正常的股东退出情况，先以投资时候的出资额为基准，转让双方对公司的资产、负债进行评估，确定转让时的基准价格。股权转让基准价格即股权转让参考价格，可以是公司的净资产额，也可以根据股东的贡献，参考最近一期股权融资的股权价格，打折后作为股权转让的价格标准。总之，要使股东双方的利益均衡。

（3）创业时要做合伙股权动态设计，让合伙可以长长久久。

此案件和罗辑思维罗振宇、申音创业初期的情形如出一辙，罗辑思维成立时，罗振宇占 18% 的股份，申音占 82% 的股份，罗振宇是公司核心，做了一年多后，企业估值一亿多元，罗振宇的股份占比反而很小。当公司真正值钱或者有钱的时候就会发生和案例中一模一样的结果——分道扬镳。

现在，王轩和张山的案件纠纷还在僵持之中，两人分手，无疑两败俱伤，离开王轩的小鸟科技还能值 7000 万元吗？

当然，本案要讨论的问题还有许多，比如谁当老大、谁占大股？如何设计股权的动态分配？如何对专业事务进行表决？如何化解意见不一致时的纠纷？如何设计对赌条款？这些问题的答案，其实在之前的章节中已经讲过，这里就不再一一展开。

| 合伙创业两人情同手足，最终为何反目成仇 |

案·例·分·享

情同手足的合伙创始人，为何最终会反目成仇

王江在一个小城市创业，做得风生水起。2010 年夏天，酷热难耐，王江外出办事遭遇汽车抛锚。就在王江非常着急的时候，来了一位“雷锋”，协助他解决了车辆的麻烦。那个人就是这个案例的主人公李亮。

王江是一位义气之人，他的处事原则就是：你对我好一分，我对你好十分。于是他和李亮成了朋友，再加上两人相同的年龄，又有诸多共同的经历，两人便经常带着家人和孩子一起周末交流。两年就这样一晃过去了……

有一天，王江在办公室里埋头研究一个项目，想到高兴处手舞足蹈。一抬头，发现李亮不知道什么时候已经来到了他的办公室。

王江觉得不好意思。李亮说，你发现了什么宝藏，这么高兴？

王江就向李亮阐述了投资新项目的思路，李亮听了，说你需要多少投资，作为兄弟我也投你一份。

就这样，兄弟两人各出资100万元，分别占50%，开始合伙做生意。公司章程里两个人都是用自己媳妇的名字注册，具体经营由王江负责。

经营1年后，到了2013年，公司没有想象中发展得好，当然也没有想象中那么差。可过了没多久，从北京总部传来了不好的消息，项目公司不得已中止了运营。因为没有赚钱，大家都没有太在意。

虽然项目黄了，但大家还是要继续过日子，王江又开始了新的创业之路。这次他换了一个朝阳项目，吸取上一次的经验教训，谁知项目居然做成了，做得红红火火的。

突然有一天，李亮找到王江，说你现在的公司也有我 50% 的股份，需要给我分红。

王江来我们这里咨询，新的公司是否有李亮的一半股份？我们看到王江新公司的股东里并没有李亮，而且王江所做的行业和他们两个人之前创立的公司并没有竞争关系。所以，就告诉王江“基于法律规定，你的新公司和李亮一点儿关系都没有，你大可放心”。

王江说：“我也认为我的新公司跟他没关系，但是李亮说过，如果我不给他股份，他就举报我们两个人的公司在运营期间偷税漏税。”我问王江那你打算怎么处理？他说：“如果他举报我……”

我对他说：“如果这样做，你们两兄弟就要在监狱里相见了，而且会拖累家里的人，这个是你们愿意看到的结果吗？换个角度想想，你人生中有多少人敢如此的信任你，又有几个信任你的人能够拿出 100 万元交给你去经营管理？站在这个角度来看，你现在做成了，是不是也应该想想你当初的合伙人呢？那你给他股份也不为过吧？兄弟们合力把之前的投资赚回来不好吗？”

王江听后有点儿释然，这个问题也就得以顺利地解决。

现在，我们回头看，对于一个公司来说，股东都有知情权。也就是对公司经营管理的各项商业行为都有权利知道。那就要求在创业初期寻觅合伙人时，要问问自己下面几个问题：

这个合伙人对你的信任度有多少？

公司财务管理是否可以做到规范健全？

公司是否会涉嫌灰色地带？

如果发生股东纠纷，最坏的结果你能否承受得了？

所以，在创业时，建议没有共事过的合伙人先彼此给对方一个互相了解和建立信任的机会。先不注册到公司章程里，约定一个磨合期，如果磨合期没有问题再变更公司章程。

只有如此，大家才能合伙得长久，避免公司发生类似“真功夫之争”的现象，不让小舅子把姐夫送进监狱的事件再次发生！

五个亲兄弟为何难逃股权平均分配的“魔咒”

我们处理了一起很有代表性的股权平均分配案例，这个案例中的人物关系很特殊，都是亲兄弟，因此股权最开始都是平均分配的。

蒋家老一代，有蒋耀祖弟兄 3 人，到下一代，是小弟兄 5 个，分别是蒋仁、蒋义、蒋礼、蒋智、蒋信。蒋仁、蒋义是亲兄弟，剩下 3 个是堂兄弟，蒋耀祖老爷子年龄大了，准备把以前经营的一个传统产业交给这兄弟 5 人，由于手心手背都是肉，蒋老爷子出于好心，交班前让这兄弟 5 个每人拿 20 万元，各占股 20%，由老大蒋仁负责经营。

2012 年，弟兄 5 个正式开始经营企业。干了 3 年，经过盘点，发现企业做得还不错，资产在增加。可问题出现了，蒋仁找到我们，说："我这弟兄 4 个都出工不出力，大家主人翁意识不强，讨论决定事情效率很低，也很难达成一致。我作为老大，干着也没劲儿。希望你们给一个解决方法。"

听了蒋仁的介绍，我笑了笑说他的这个情况在我们预料之中，但没有想到，你们亲兄弟也这么不好处理。看来股权平均分配真的不是一个很好的股权分配形式。

这里，分享一种处理股权平均分配的方法——竞价。

竞价方法的规则是这样的，在任何事情处理之前先定规则，这个规则的约定总共有 5 条：

第一，先盘点公司的资产，然后 5 个人签字确认。

第二，5个人采取竞标的方式，出价最高者负责经营公司。如果出价的过程中价格相同，那么直到价格最高者当选公司的负责人。在投标的过程中采取暗标的方式，即每个人写一个价格，装在信封里，然后由组织人开标，当场开出。

第三，出价高者占股 52%，其余 4 个人共占股 48%。

第四，每人先缴纳 30 万元的保证金，竞标完毕一周之内办理相应的股权转让手续。为了保证公司的正常经营，出价高者将剩余的款项交到公司指定账户，在 1 年之内分两次将股份转让款支付给其他 4 个股东，原则上是半年交付 1 次。这样的好处在于既保证了公司的流动资金，又可以保证其他 4 个股东和公司一心，让公司正常运转，不至于内耗。

第五，其余 4 个股东可将全部股份或者部分股份转让于出价最高者。通过这样的安排，我们的目的在于让更有信心的人来经营公司。更有信心的表现在于，他对公司价值的认可，即出价高。

这样的方法，我们可以用数字具体测算一下，即这家公司经过盘点，公司资产减去负债，净资产 400 万元，也就是每一股 4 万元。在竞价过程中，假如蒋仁出价 600 万元，也就是他认可这个公司的价值是 600 万元。结果是蒋仁出价最高，他可以当选。

按照规则，蒋仁占 52% 的股份，其余 4 个股东每人占 12% 的股份。蒋仁需要分别给 4 个人各 8% 的股份转让款，一股 6 万元。则需要给他们 4 个人每人 48 万元。按照事先约定的规则，增资款，也就是竞价多出来的钱，先放到公司账户里面，用作经营，半年给每个人 24 万元，一年之后把 48 万元付清。经过这样的调整，最后的股份比例为蒋仁 52%，其余 4 个人各 12%。

蒋仁听了这个方案之后，觉得豁然开朗。看到这个案例，股权平均分配之路，你，还想继续走吗？

第四篇

附录

解析真实股权案例，
带你从多个不同角度深入了解股权

| 小小烩面馆，通过股权设计方案做出大成就 |

一家郑州餐饮企业，在执行我们制定的股权激励方案后，估值1000万元，开业一年后，便又陆续开出5家直营店。现在多名投资人有意向投资这家饭店，按照目前的发展速度测算，快则一年，慢则一年半就可收回投资。下面我们将为大家揭开这家企业股权激励的面纱。

简要介绍一下这家企业的基本情况：这家直营店位于郑州市国贸360，饭店里面有60张桌台，一个人消费最低25元，60张桌台全部坐满，可挣1500元，如果一天能翻6遍桌台，那么营业额将是每天9000多元。这家店的目标客户群是在周边上班的白领，定位精准。它的广告语更是稳、准、狠，直指竞争对手。

了解过背景之后，我们来仔细说明一下这家企业的股权激励方案，即369模式，如何用1年时间开5家直营店。首先，老板出场，对1号店店长说："你好好干，如果今年年底挣钱，就把3%的利润分给你。同时，如果你为公司培养1名新店长，第2家店开业时，公司让你入股6%，按照惯例，饭店快则1年，慢则一年半就可收回投资，这比放担保公司放心太多，也比放银行利润高。”

这样一来，对店长的培养既是考核，又是激励。1 号店店长因为有利益驱使，非常认真地把业绩完成，同时也会开始培养储备店长。等再开新店时，让 1 号店店长去新店当店长，新店长到 1 号店当店长。2 号店开业，原 1 号店店长现金入股 6%，老板继续对 1 号店店长说：“如果你再给我培养一名新店长，到 3 号店的时候我让你现金入股 9%。以后你每给我培养一名店长，新店开业时，我允许你现金入股 9%。”慢慢地，公司通过股权激励的方式，让员工变为创业合伙人。公司给员工激励什么，员工就关心什么。公司去社会上融资，倒不如把员工的钱拿出来，放到公司。如果员工敢把钱交给公司，他就一定会放心地跟着公司一起做，他的身份就是公司老板，他也会更有动力。

以此类推，每个店长都有机会培养新店长。大家都赚钱，大家都开心。这就是老板要做的事情，老板做好利益分配，把公司建成大家挣钱、实现梦想的平台。试想，在这样的公司员工怎会不好好干呢?

除此之外，这家企业的成功还主要归功于以下两点：

第一，定位精准，商业模式清晰。企业未成立时，创始人就在深度思考，企业将来如何在竞争中胜出，如何占领消费者的心智，如何走差异化路线。企业经过调研，找到自己的优势，聚焦单品，做传统餐饮中的颠覆者、创新者，定位在快餐中的细分品类。创始人对产品进行研发，700 天研制出一碗面，看似慢，其实快。企业成立之初，创始人先解决了产品标准化、流程化的问题，一碗面 3

分钟以内做好，不再依赖大厨的手艺，参考麦当劳、肯德基模式，成为烩面中的快餐。另外，企业家对企业未来的战略清楚，定位精准，这样的企业一出生，就会赢得资本市场的青睐。

第二，以终为始的思维。以对孩子的教育为例，做父母的对孩子进行教育，有的是采用顺其自然的教育方法，即小学、初中、高中，孩子上到哪算哪，这是以始为终的思维。而以终为始的思维，就是家长为培养孩子成才，因材施教，提前布局，包括孩子上小学、初中、高中，提前购买学区房，包括找准孩子的特长，对孩子进行针对性的培养，这两种思路对孩子成长的最终结果的影响也必然是不同的。

我们常常将企业的成长比作人从幼儿园到大学的过程。幼儿园指的是个体户、夫妻店；小学指的是私营企业，即兄弟几个创业，没有一个完善的组织架构，凭感觉经营；初中指的是具备完善的组织架构的有限公司，有股东会、董事会、监事会等；高中指股份公司，因为三板企业必须是股份公司；大专指的是新三板企业；大学指的是上市公司。根据我讲课和调查的结果，大部分企业还都处在小学阶段，且一直蹲级，甚至有的企业一辈子都在小学没有毕业。

而这家餐馆用的就是以终为始的思维模式，企业先做三年、五年的规划，设定完整的股权架构。预留投资人的股份，预留员工股权激励的股份，并事先做好股权激励方案。我们协助企业股权进行估值，企业未开店，投资人就可以先了解到企业的战略、规划，并最终愿意投资 200 万元，占股 20%。所以，企业家要有深度思考、深度布局的能力，才能“运筹帷幄，决胜千里之外”。

“烤鸭合伙模式”：诚心诚信带来最终成功

郑州有一家餐饮企业，10年前在店里推出合伙股权模式，10年来，企业不断发展壮大，核心骨干没有一人离职；老板偶尔两三个月去一次店，员工依然自动自发努力工作，企业正常运转；企业有一名普通员工赵乐乐，10年前，因为选择入股，从当初的月薪700元，到现在每年稳定分红20多万元。更为可喜的是，企业不断有优秀人才加入，一直稳步发展壮大。

这家企业就是煜丰汴京烤鸭。有一些企业家朋友知道这家企业是小武股权律师团队做的股权设计，便经常向我打听其合伙细节。经过煜丰汴京烤鸭创始人顿玉松同意，本次首次对外披露其合伙设计的细节。顿玉松说：“我希望更多企业知道我们的‘烤鸭合伙模式’，知道的企业越多，企业家与员工之间的关系就会越好，企业发展就越稳健，最后大家是共赢的局面。”

接下来，让我揭开烤鸭合伙模式的面纱。

烤鸭合伙模式的前提：合作共赢，共同发展

这个理念与顿玉松的家庭背景有关，他幼时家里非常穷，16岁离开家乡长垣，到郑州学习厨艺，以此谋生。当顿玉松决定创业时，他想到了与别人合伙。一则自己钱不够，二则想带领大家一起挣钱。顿玉松认为：一人富不叫富，大家富才叫富。而且他还认为：创始人要有吃亏的精神。当年创业初期，他两年没有拿工资，无薪工作。当他拿到第一笔工资时，回家哭了一场，感叹创业实在

太不容易了。

烤鸭合伙的持久秘诀：财务公开、公正。

顿玉松坚持认为："廉生明，公生威。"企业家不能私心太重，私心太重会影响团结，最终影响企业的发展，私心重的企业家，他的企业永远做不大。企业家只有舍得吃亏，企业才能发展壮大。

烤鸭合伙模式的四大特点

（1）入伙简单明了。

入伙简单，员工认可公司的经营理念，愿意和公司一起发展，共同承担公司发展的风险，量力出资即可。企业 2007 年 1.0 版本的合伙还有一部分社会资本投资，只分红不参与管理。现在升级到 2.0 版本，就只接受员工入股，不接受社会资本，入股必须是在公司工作 3 年以上的优秀员工和管理者，只要愿意和公司绑定发展，就可以入股。入股不按级别，也不按收入，纯粹看员工的个人能力和工作态度。

（2）财务公开透明。

在企业创始至今将近 10 年的时间里，顿玉松要求企业所有账目公开、公正，他本人日常不签字，由管理层签字，表现出对员工充分的信任。每年的股东分红大会，企业会把所有的账目公开，在企业经营过程中，因创始人对于财务不直接掌控，而是由行政部门进行管控，因此股东从未对账目有过疑虑。顿玉松认为这是最难的，但如果这一点做到了，企业管理也就变简单了。在公司不是看领导职位高低，而是看你在企业中的威望。威望靠的主要是公正、廉洁、贡献，而不是权力。

（3）合同期限同店面合同期限。

对企业的合伙协议也在不断优化之中，原来的合伙协议期限不是很明确，现在的合伙协议开创了一个新模式，即合伙始于开店，终于店关闭或二次装修，在合伙期限终结时，对财务进行清算，合伙告一段落，重新归零。顿玉松认为："德大于才，一个人如果愿意跟你合作10年，才不够的话你可以去培养他，他会不断提升。相反，一个人如果不愿意和你绑定10年，他的才能越大，离开的可能性越大，培养的成本就越高。所以，拿钱是一个试金石，一下子可以找到志同道合、一起做事的同伴。"

（4）人走股本金不退。

这个内容也是在不断优化，根据实际情况进行调整，现在更为严苛。即在入股时约定：退股时股本金不退，包括创始人在内。让每个人在入股前想明白，自己到底想好没有，到底要不要一起创业。有没有做好破釜沉舟、不留退路的准备。有时人没有选择的时候，反而是最好的选择。对于退股部分的处理：在分取利益时，先分得实收资本，在分得等额的实收资本之后，股东在企业中已经没有股本金，有的只是资本金的分红权力。如果股东在企业任职，就享有分红的权力，股东离职，则分红的权力一并放弃，留下来的股东按比例上调分红权。

对于合伙股权的意义，顿玉松认为："每一个企业家都是创业家，每一个团队都是创业团队，每一个员工都要保持创业精神，团队不养闲人，也不养懒人。如果员工懈怠了，不进步了，下一次入股，这个人可能就没有机会了。"

管理团队实行竞聘上岗，店长一年一竞聘，管理层三个月到半年一竞聘，团队永远保持竞争态势。这样合伙的结果是：合伙人都会对企业的经营利益负责，彼此不会内耗，大家抱团发展，不断去外部招纳、吸引优秀人才，企业便会越来越稳健。顿玉松笑着说："将来开不开店，我说了不算，大家手里有了钱，自然会催着企业开店，保不准哪一天，你看到一个保洁阿姨，因为她有企业的股份，一年也能分红上百万。我用了10年时间，打磨产品，锻炼团队，未来煜丰汴京烤鸭才可以走得更远。"

这里涉及一个问题，如果再开店，大家出了钱，造成顿玉松的股份很少，怎么办？顿玉松的做法更简单，他的想法是让大家放手投，这说明大家相信企业，愿意投手里的钱。至于公司的控制权，我们专业股权团队已经帮他设计好了，按顿玉松的设想，即使有一天，企业没有了顿玉松，也依然可以正常发展。在顿玉松的心中，煜丰汴京烤鸭的品牌已经大于其个人的影响。

我相信，烤鸭合伙模式未来会影响更多的企业。因为这种模式体现了人与人之间的尊重、信任，企业财务全部公开、透明，团队成员彼此互相成就。10年时间，核心骨干没有人离开，且不断吸引优秀人才加盟。

烤鸭合伙模式中的人性魅力

下面，我将从烤鸭店的合伙人赵乐乐的角度，解读烤鸭合伙模式中彰显的人性魅力。

（1）赵乐乐何许人也。

赵乐乐，"80后"女生，姊妹3人，在家中排行老大。1997年背起行囊，背负着家人的希望，从河南许昌鄢陵望田北街，到郑州开始求学之路。乐乐毕业之后，到豫财宾馆实习，在那儿一干就是7年，在实习单位结识了煜丰汴京烤鸭创始人顿玉松，当时顿玉松还是这家宾馆的厨师长。

（2）机遇降临，创业当股东。

2007年，顿玉松创办煜丰汴京烤鸭，给大家讲述未来企业愿景，许诺员工可以当老板，提出了烤鸭合伙模式，大家抱团发展。赵乐乐的激情一下子就被点燃了，当时赵乐乐的月薪是700元，无存款。顿玉松提出员工可以入股，赵乐乐认为这是改变自己命运的机会，便向顿玉松借了3万元，成为煜丰汴京烤鸭的合伙人。事后，顿玉松问赵乐乐如果当时赔了怎么办。赵乐乐说，当时打心眼里看好顿总的人品、看好顿总做事果敢的风格，压根就没想过万一。要知道，当时的3万元可是赵乐乐3年半不吃不喝的收入。

（3）首战入股告捷，3万元投资8年变65万元。

当初赵乐乐看似不太符合理性的投资，在煜丰汴京烤鸭福彩路店3年时间里，获得了500%的回报。赵乐乐说："没有选择才是最好的选择。感谢当年出路的唯一性，就因为是唯一，才会全力以赴。"从2007年福彩路店的3万元股金开始，到2010年农业南路店的15万元股金，又到2015年重新装修的福彩路店50万元的股金，现在赵乐乐共有65万的股金，全是当初3万元的投资收益积累起来的。现在每年的分红还在增加，赵乐乐现在想的是，赶紧再开下一家店，继续入股。这样随着以后企业规模不断变大，自己的生活也会越来越好。

（4）不断成长的赵乐乐。

赵乐乐在煜丰汴京烤鸭的10年，从普通员工到福彩路店店长，再到现在全面负责行政部工作。一路走来，赵乐乐换了房子，买了车子，还有了一个可爱的儿子，儿子起名字的时候，便以煜字命名。赵乐乐说："用儿子的名字提醒我，煜丰成就了我，改变了我的一生，让我从一个普普通通的打工妹，变成了著名企业的合伙人。"

（5）做一辈子煜丰汴京烤鸭人。

赵乐乐说："在企业创始至今的10年时间里，公司所有的账目公开、公正，每年的股东分红大会，因所有的账目公开，加之创始人对于财务不直接掌控，而是由行政部门进行管控，股东之间没有因为财务产生过任何矛盾。"在2015年的股东分红大会上，顿玉松讲述了自己的终极梦想，要打造煜丰人自己的幼儿园、养老院，让每一个为煜丰汴京烤鸭品牌添砖加瓦的人能老有所依。等到白发苍苍了，一群曾经的老伙计坐在一起，喝着茶、聊聊天，谈谈往事，绝对是一件幸福的事情。

赵乐乐说："在我从业的18年时间里，一共就职了两个单位，第一个就是实习单位，在那里，我最大的收获就是认识了顿总。第二个就是煜丰汴京烤鸭，这也必将是我最后一个单位，在这里，我要实现我的人生价值，做一辈子的煜丰汴京烤鸭人。"

除了赵乐乐的故事，煜丰汴京烤鸭店还有许多类似的故事在不断地上演，而其创始人顿玉松的故事，则更让人感到，坚持才是创业所最该具备的品质。

顿玉松创业的故事

《道德经》上讲："民之从事，常于几成而败之，慎终如始，则无败事"。既然做了，就要做到底。煜丰汴京烤鸭创始人顿玉松就是通过创业路上的不易与坚持，才成就了煜丰汴京烤鸭这个著名的餐饮品牌。

创业不易，坚持更难。关于这个企业家，我想再跟大家讲讲他的故事，希望能给大家一些启发。

（1）创业两年后，顿玉松第一次拿到创业工资，大哭了一场。

2007 年，顿玉松还在单位上班，但带着创业的冲动，在福彩路和鑫苑西路交叉口，他利用业余时间和员工一起投资，开了煜丰汴京烤鸭店。

开业初期，烤鸭店经营状况非常困难，当时店门口的路还没修好，附近只有一个小区有人员入住，其余的小区均在建设中，连路灯都没有。顿玉松每天都利用下班时间，放弃休息，带领店内的管理人员梳理工作。

开业初期店内资金紧张，到 15 日发放工资时，因没有足够的钱来支付员工工资，顿玉松便取出自己的钱为员工发工资。

2008 年经营危机，为了让煜丰汴京烤鸭更好的发展，顿玉松辞去高薪工作，自愿无薪在煜丰汴京烤鸭店工作，带领大家共渡难关，在这无薪的两年期间，顿玉松上有老人需要赡养，下有子女需要照顾。但他无怨无悔，带领大家挺了过来。

当谈起这段经历时，顿玉松的眼圈还是红的。他说："当店里生意好起来，我第一次拿到工资时，我拿着钱回到家，大哭了一场，创业真的太不容易了。”

（2）利他思想，玉松兄肩负 200 多个家庭的责任。

我曾和顿玉松开玩笑地说：“你是股东，他们也是股东，为什么你没有让别人垫钱。”

顿玉松说：“当时我都想了，如果还需要垫钱，我就是把家里的房子卖了，也要干下去，兄弟们跟着我，这是大家相信我，才跟着我干。我宁可自己吃点亏，也不能让大家吃亏。”

他还说：“现在企业大了，有将近 200 名员工，200 名员工就有 200 个家庭，我要让他们生活得好，衣食无忧，大家就能拧成一股绳，一起把煜丰汴京烤鸭发展好，就像《道德经》上讲的，圣人不积，既以为人己愈有，既以与人己愈多。这是一样的道理。”

（3）一生做好一件事。

顿玉松 16 岁离开长垣到郑州学习厨艺，到现在已经在餐饮行业干了 30 年。他在餐饮界得奖无数，后来他聚焦烤鸭，不断研发、更新。现在的煜丰汴京烤鸭采用果木烤制，讲究鸭肉“裸吃无腥气”，枣木香味更醇正。每只烤鸭 158 元，依然每桌必点，成为郑州名吃。

顿玉松对每道菜都极为讲究，举一个例子，一份豆腐都要自己磨，自己生产，这样才更放心，做豆腐用的水是农夫山泉，这样的豆腐吃起来口味回甘，成为很多人的必点菜。

顿玉松为了研究烤鸭的技艺，曾去北京有名的烤鸭店，3 天吃了 8 次烤鸭，并拜访顶尖的烤鸭大师进行交流。后来顿玉松决定以手工鸭胚为原料，通过 13 道工艺，并采用排酸技术进行处理，最后用上好的枣木烤制而成。就是凭着这股劲，顿玉松将煜丰汴京烤鸭做得越来越有复古的味道。

他说："我这一辈子能把烤鸭做好，卖到全中国，就心满意足了。"这就是专一所带来的专业，也让这家烤鸭店成为郑州知名的餐饮企业。

（4）无为而治，员工自发管理。

在农业南路店和顿玉松一起吃饭时，这家店的店长说："顿总，你差不多有三个月没来这家店了，也不来看看我们。"

顿玉松说："我不在，你们干得好好的，挺好。煜丰汴京烤鸭在圈子里有公开的秘密，就是日常管理不用老板签字，所有账目公开、公正，连我因私吃饭，也一律自费。"

在讲到企业的未来时，顿玉松说："我的目标是一个月来企业开一次会就行，大家各司其职，我就负责公司战略与文化建设，把握方向。不断地研发升级菜品。来多了，还有可能干扰大家工作。"

这让我想起《道德经》上的一句话："太上，下知有之；其次，亲而誉之；其次，畏之；其次，侮之。"看来，顿玉松对企业有更高的管理追求，这也给员工提供了更加安心和放松的工作环境，使员工的工作效率得到了提高。

（5）功成身退，让保洁阿姨年分红上百万。

顿玉松聊起企业的未来，说："去年年会上，我给大家提出一个命题：企业有一天没有我了怎么办？企业离了我还能正常运转，那才叫企业的成功。现在我天天想的就是这事，这个实现不了，百年老店就不可能实现。这件事情我交给你，你可一定要帮我做出来。

"将来即使我的儿子，也未必是董事长，如对餐饮感兴趣，也要从基层开始干，有本事就参与管理，没有本事，就当股东。煜丰汴京烤鸭是大家的，不是我一个人的。

“人这一辈子，能吃多少？能喝多少？那些吃胖的人，浑身是病；那些贪官，天天被抓。又何必呢？人死了，不就一抔黄土？”

顿玉松还说：“我的目标，将来企业中的保洁阿姨，只要干得时间长，干得好，就可以入股，成为股东，按我们的‘烤鸭合伙模式’，也可以一年分红上百万。我鼓励爱岗敬业，干一行爱一行，保洁阿姨只要干好本职工作，入股到煜丰汴京烤鸭，我的目标是让她一年分红上百万。”

各位企业家们，读完煜丰汴京烤鸭创始人顿玉松的故事，对你经营企业是否有所启发？你还记得创业时的初心吗？

经营企业就是经营人心，经营大家的需求，人不仅是靠管理，更多的是靠未来幸福生活的吸引。

| 当企业管理者婚姻问题遇上股权纠纷，看似无关实则大有影响 |

协议离婚分割夫妻共同股权，还需其他股东“同意”吗

首先，给大家讲一个发生在身边的股权故事：协议离婚分割夫

妻共同股权，还需其他股东“同意”吗？

王成与李慧是夫妻，二人于2014年4月登记结婚。2014年10月，王成与朋友高强在郑州市高新区设立大成餐饮有限责任公司（以下简称为大成公司），注册资金为1000万元，其中王成用夫妻共同财产出资，以自己的名义注册，股份显示王成出资600万元，高强400万元。2016年2月20日，王成与李慧达成离婚协议，二人在离婚协议书中约定：李慧分得大成公司30%的股份。因高强不同意王成、李慧的上述约定，大成公司未能形成股权变更的股东会决议，王成与李慧二人也未能办理股东变更登记。后三方经多次协商未果，王成、李慧二人经人推荐找到我们咨询：“我们夫妻离婚分割财产，还得经他人同意吗？”

针对这个案例，我们先查阅了大成公司的章程，发现章程对此部分并无特别约定，采用的是市场监督管理局的普通条款。据此，我们的观点是：

首先，王成、李慧二人在离婚协议书中对大成公司股权作出分割，应当征得公司其他股东，即高强的同意。《公司法》有规定，股东向股东以外的人转让股权，应当经其他股东过半数同意。经股东同意转让的股权，其他股东在同等条件下享有优先购买权。但公司章程另有规定的除外。

其次，大成公司股东王成与李慧在离婚协议中有关“大成公司李慧分得30%的股份”的约定，在形式上确为夫妻双方对夫妻共同财产的分割，但分割的是大成公司的股权，即股东王成在处分自己持有的股权。这种处分的后果是，李慧将成为大成公司的股东，究其实质而言，这种处分股权的行为与股权转让的性质是相同的。

最后，如果王成与李慧没有证据证明高强认可二人离婚协议中的内容，且明确表示放弃优先购买权的话，离婚协议中关于“大成公司李慧分得 30% 的股份”的约定，就违反了《公司法》的有关规定，侵害了高强作为其他股东所享有的优先购买权。

那么，李慧如何保证自己的权利呢？我们的建议是通过以下几个步骤来操作：

第一，王成应将其与李慧之间股权转让事宜通过书面形式通知股东高强，询问其是否同意该股权转让，是否放弃该股权的优先购买权。

第二，如果高强同意该股权转让，且明确表示放弃对该 30% 股权的优先购买权。应当让高强出具书面意见，召开股东会作出股权变更的股东会决议，并办理股东变更登记。

第三，如果高强不同意该股权转让，王成应当与李慧对该转让股权进行协商作价或进行评估，并通过书面形式征询高强是否同意以同等价格购买。如果高强同意购买，则将该 30% 的股权转让给高强，转让所得价款归李慧所有；如果高强不同意该股权分割约定，也不同意以同等价格购买，或者高强收到书面通知后 30 日内不予答复的，则应保存相关证据，起诉至法院要求对该股权进行分割。

在操作过程中，王成与李慧还应当特别注意以下两点：

一是，通知应当以书面形式作出。如果以口头、电子邮件等其他方式进行通知，虽并不必然导致通知无效，但须举证证明已将股权转让事宜通知其他股东，且其他股东已经明确知晓所有股权转让的相关事项。因为举证比较麻烦，所以在条件许可的前提下，还是以书面形式通知其他股东为宜。

二是，通知应当包括拟受让人的有关情况、转让股权数量、价格及履行方式等主要转让条件，并询问其他股东是否行使优先购买权。

“土豆条款”没注意，创业者可能会后悔莫及

有的朋友会问：“如果我是高强，不想让王成的爱人李慧进入公司，有没有其他的办法呢？”办法肯定是有的，那就是著名的“土豆条款”。

所谓“土豆条款”，早已经是陈年旧闻。但很多人并不了解这段故事，我整理了一下，根据公开出来的信息，和大家再仔细聊一聊“土豆条款”那些事。

土豆网总裁王微和美女主播杨蕾初识于一次大学同学聚会，当时的王微还过着比较艰难的生活。王微此前有过一次婚姻，但是杨蕾却不在乎，她和王微有着共同的爱好，都热爱旅游，喜欢文艺，因此相见恨晚。他们爱情甜蜜，一同旅行去过缅甸和西藏。不久，杨蕾收到了王微用一元纸币制作的求婚戒指，就这样，两人走到了一起。

之后，王微开始创业，并成功创建了土豆网。土豆网的第一笔投资——IDG 的 50 万美元到账后，王微仍不满足，想要继续打开局面，拓展市场，他需要结识各种媒体的朋友。王微希望做主播的妻子杨蕾能对其有所帮助，但现实往往与理想相反，他们非但没有

互相提携、彼此支持，反而相互争吵，冷言相对，完全没有了婚前的美好。

2008 年 11 月 6 日，王微向上海市徐汇区人民法院提起诉讼，要求与杨蕾离婚，但被法院驳回。半年后，王微再次起诉，到 2010 年 3 月 26 日，上海市第一中级人民法院准予两人离婚。不过判决时，并没有对双方的财产进行分割，法院仅要求杨蕾迁出两人婚后居住的房屋，王微则支付杨蕾 10 万元即可。据称，这 10 万元还不是王微的，而是两人在最初装修房屋时，杨蕾的父亲借给他们的 20 万元里面的，属于两人共同负债，因此王微在离婚时付了其中的一半。杨蕾就这样“被净身出户”，至于王微所拥有的土豆网股份，以及其上市后所带来的巨额财产价值，法庭的判决是“另案处理”，所以从本质上说，杨蕾后来的起诉是双方这场“离婚官司”的延续。

双方婚姻存续期间，土豆网成立了上海全土豆网络科技有限公司，王微在该公司中占股 95%。这部分股份中，有 76% 的股份涉及夫妻共同财产的问题。杨蕾遂提起诉讼，对这部分股份的一半主张权利，在土豆网冲击纳斯达克（NASDAQ）上市的前夕，法院冻结了该公司 38% 的股份。后来，该案双方以王微补偿杨蕾 700 万美元达成和解，王微对所持全土豆公司的多数股份拥有完全控制权。但是，如果王微不履行和解协议条款的规定，那么法院可能会要求他将所持全土豆的部分或全部股份都转让给其前妻。等到王微解决完“家务”、重启 IPO（首次公开募股 Initial Public Offerings，简称 IPO）的时候，已经过去数月，优酷抢去了“中国视频网站第一股”的概念。美国资本市场也早已变冷，与 8 个月之前优酷上市时的热闹光景形成鲜明对比：土豆上市首日便下跌 12%，市值 7.1 亿美元；而优酷上市首日大涨 161%，市值超过 30 亿美元。之后，两家网站的差距越来越大，土豆网逐渐走向没落。后来，土豆网被优酷收购，合并完成后，土豆网成为优酷旗下的全资子公司，而王微在土豆网被收购后宣布退休。对此，王微自嘲道：“前有新浪结构，后有土豆条款，大伙儿一起努力，公司治理史上，留个名。”

“土豆条款”也由此得名。像这样的例子不止土豆网一个，被媒体曝光的还有“中国巴菲特”赵丙贤的离婚案、“钢铁大王”杜双华离婚再审案、被称为“史上最贵离婚”的蓝色光标董事孙陶然协议离婚案、赶集网总裁杨浩然的离婚财产纠纷案等等。遇上创业者闹离婚，投资人比那些媳妇更加火大，好不容易“孵”大了企业，就在羽翼丰满、准备上市套现时，创业者突然后院起火，又是财产纠纷、冻结股权，又是家人反目、自曝内幕……结果只能是上市搁浅，投资人眼看到手的投资收益也黄了。吃够了离婚的苦头，有人建议在股东协议中增加条款，限定创业人在企业上市前不得离婚。这样一来，以后创业精英结婚时，除了发誓“对妻子忠诚到永远”外，可能还要向董事会发誓“对妻子忠诚到上市那一天”。

婚前财产协议的作用主要体现在：明确婚前财产的范围、确立双方婚后财产的使用方法（是采用共同财产制还是区别财产制）、确定双方在家庭生活中的义务及保障相关公司和股东的权益。同时，对婚后财产情况也应根据情况做出适当约定，特别是在风险投资进入公司或者上市前，股东应与配偶、公司、其他股东等签署相关协议，以保障公司及相关利益主体的权益，但同时也需要兼顾公平。我们现在在合同中会约定：公司中的股份所有权归夫妻中的一方，但分红权归夫妻双方。最有效的做法是配偶签字确认，否则如夫妻双方发生纠纷，此条款也会因配偶未签字而归于无效。

附：我国《婚姻法》规定

第十九条　夫妻可以约定婚姻关系存续期间所得的财产以及婚前财产归各自所有、共同所有或部分各自所有、部分共同所有。约定应当采用书面形式，没有约定或约定不明确的适用本法第十七条、第十八条的规定。

| 股权转让有风险，找专业人做专业事很重要 |

股权转让少写一句话损失 400 万元，这官司输的太窝囊

主人公郝说话先生是 A 公司的实际控制人，股东为郝说话夫妇，A 公司名下有一处写字楼房产，位于经三路财富广场 3 号楼，价值 640 万元。后公司转型，房产闲置，经一朋友介绍，赖大头欲购买该处房产。

郝说话想出了两种卖房方法：

第一种方法是将房产由A公司转给赖大头，卖方A公司需缴纳以下费用：营业税，交易额全额的5%及相关附加费；个人所得税，交易额减去原值及相关费用后的增值部分的20%；土地增值税；印花税，交易额的万分之五。买方需缴纳的是契税，按非住房缴纳4%。这种方法大概需按转让价的35%左右缴纳费用，即220万元。

第二种方法是直接办理股权转让，完成房产的变更，没有任何费用产生。

综合考虑后，郝说话先生选择了第二种，双方经朋友介绍签订了协议，将股份由郝说话夫妇转让给赖大头，赖大头先付200万元，等股份变更完毕，再付400万元。在转让过程中，赖大头提出把股份一次性转让给其儿子赖小头，因此郝说话按合同约定，将股份转给了赖小头，赖大头答应第二天付款，这也是合同中约定的。

后赖大头借口经济原因迟迟未付余款，郝说话一催再催，但最终酿成诉讼。在诉讼中，赖小头抗辩道："我不欠钱，我和郝说话没有签订任何协议，郝说话起诉我是没有依据的。"赖大头也抗辩道："按照约定，郝说话应当将股份转让于我，现在他没有转让于我，我不应当付剩余的款项。"

最终，一审法院判决：驳回郝说话对赖小头的起诉。现官司进入二审阶段。

该案给企业家们带来的启示是：如果当初郝说话让赖大头在合同上补一句话，即可避免诉讼。这句话是：赖大头指定将股份过至赖小头名下，视为郝说话完成股权转让义务。因为朋友、因为轻信、因为疏忽大意，更因为不懂法律，所以才产生这400万元的纠纷。

股权转让时，这一句话价值6000万元

有一家钱庄公司，突然被法院查封，账户里的800多万元资金全部被冻结，一时之间造成公司经营困难。与此同时，关于公司经营不善的谣言四起，公司人心惶惶。这一飞来横祸，竟是因股权转让不当，少签一个条款造成的。

2008年10月8日，郑州投资担保公司热潮初起，小曹、小孙在郑州成立钱庄投资公司，小曹出资100万元，小孙出资60万元，从事民间担保业务，请小刘出任总经理，全面负责公司日常经营。

2009年12月25日，为显示公司实力，小曹找代理公司增资5840万元，增资后小曹持股5840万元，小孙60万元。当日，增资款5840万元即被代理公司转走。

2010年4月16日，小曹、小孙因经营不善，加之决策失误，盲目投资，导致企业亏损高达8000万元。因公司是小刘在实际负责运行，团队也是小刘在管理，加之小刘从身边朋友处吸纳了不少资金，小曹、小孙二人萌生退意，但小刘依然看好公司，出于对朋友的道义和责任，小刘决定力挽狂澜，挺身而出，做公司的“接盘侠”。

之后，双方签订了《股份转让协议》，小曹、小孙持有的100%股权转让于小刘，协议自各方签字后即日生效。此时公司负债8000

万元，公司由小刘经营，小曹、小孙退出公司。

虽然退出了公司，但几人关系依然很好，小曹、小孙对小刘的出手相救之恩也一再表示感谢。

小刘于2010年4月16日接手小曹和小孙的股份后，按照三方口头约定，2010年6月3日，小曹、小孙将身份证交由小刘，小刘安排财务人员到工商银行经三路财富广场支行开户，将6000万元股份转让款分别转至小曹、小孙的牡丹灵通卡账户。转款的同时，小刘又交代财务人员，将小曹、小孙牡丹灵通卡账户内的6000万元，转至钱庄公司账户，此款用以弥补小曹、小孙抽逃的出资款。

在小刘的经营下，公司日渐好转，并开始有赢利。小曹、小孙这时开始后悔，认为小刘捡了个大便宜。2010年9月10日，小曹、小孙持其向钱庄公司转款的凭证，在安阳中级人民法院起诉钱庄公司，要求返还借款6000万元。诉讼由此展开。

此案的焦点是：6000万元是公司向小曹、小孙的借款，还是小曹、小孙弥补其抽逃的出资款？

我代表这家公司代理此案后，向法院举证了多种证据，其中包括：

小曹、小孙增资当日（2009年12月25日），5840万元即以还款名义转至郑州万进体育用品有限公司账户。

郑州万进体育用品公司系一人有限公司，注册资本100万元，成立于2009年11月24日，其处所位于郑州市中原区林山寨新村3排18号5层07房。该住房系民房，现为一旅馆，查无此公司。

我代表公司抗辩：此6000万元是小曹、小孙、小刘当时的口头约定，三方出于走手续之需要，由小刘象征性履行股权转让手续，然后小曹、小孙以实际行动，即将身份证交由小刘，银行卡片及密码均由小刘掌握，此条款是按照当时口头约定，为了弥补小曹、小孙抽逃的出资款。

此案耗时一年半，花费巨大，最后小曹、小孙撤诉，公司也损失巨大。

如果当时公司在股权转让前先找律师起草协议，加上一条："股权转让协议签订后，由小刘履行股权转让手续，将款项转至小曹、小孙名下。小曹、小孙将身份证交由小刘，银行卡及密码均由小刘掌握，小刘将股权转让款打至公司账户，用以弥补小曹、小孙抽逃的出资款。至此，股权转让协议履行完毕。"就不会出现上面的问题。更为完备的做法是还要多交代一下公司的背景，即转让的时候公司亏损 8000 万元，股份为 0 元转让。这样，这一飞来横祸就可以避免了。

据此案，小武股权律师团队在此提醒：

①兄弟感情靠不住，一定要签好书面协议。

②一定要重视律师的重要性，尤其签股权转让协议时，重视股权律师的重要性。

③协议一定要专业律师起草、把关。不要无知者无畏。

④企业家对待企业经营应该一直保持战战兢兢、如履薄冰的态度。一着不慎，可能造成满盘皆输。

合伙创业，学习这些案例不可少

合伙创业，千万别为兄弟情谊所骗

这个案例的主角名字叫刘岩，将近 50 岁，出生在一个普通的农民家庭，憨厚老实是他找我们咨询后给我留下的第一印象。

故事要从 20 年前说起。刘岩经过自己的努力，终于在 20 岁时考进了自己梦想的医科大学，在大学里第一个认识的就是他的师兄，比其高一届的老乡张云涛。张云涛当时是学生会主席，属于比较耀眼的校园明星。刘岩觉得张云涛是他学习的榜样，也是他的大哥，便跟着张云涛做了 4 年。

张云涛毕业后，进入了一家医药上市公司任职。一年后，刘岩毕业，张云涛也推荐刘岩进入了这家公司。在这家公司，两个人都在市场拓展部工作，经历了中国医药行业发展的黄金期，两个人都能独当一面，开疆拓土，一直位列销售前两名。

（1）合伙创业，初战告捷。

在两人相处的 20 多年里，两个家庭如同亲人一般，来往互动亲密。在 40 岁的时候，张云涛选择离开医药公司，自己创业。张云涛拉着刘岩及自己的姐夫王德林，开了一家医药销售公司，从此拥有了自己的事业。

创业之初，张云涛、刘岩、王德林和财务小张约定了各自的股权比例为：35%，30%，20%，15%。按照各自的比例共同出资

180 万元。刘岩性格属于稳健型，在公司经营初期只出资，并未辞去原有医药公司的工作。张云涛则带着姐夫和财务一起经营公司，3 年内开了 4 家药店。3 年后，刘岩离职，在某县城用 20 万元收购了一家当地国营药店，该药店有 5 家门店，刘岩开始了自己的创业之路。刘岩经营两年后，张云涛找到刘岩，希望双方能共用一个品牌，共同经营这 9 家药店，以显示公司的实力。刘岩为了对一直以来支持自己的张云涛表示感谢，就同意了他的建议，并且在合并后，为了彰显公司实力，还找了第三方“过桥公司”，把公司的注册资本从 100 万元增加到了 5000 万元。

（2）兄弟联手，壮大产业。

在合并之后，因张云涛投资房地产项目，无暇管理药店，遂将药店全部交由刘岩负责。在刘岩接手后的 5 年时间里，凭借其踏实苦干，药店从 9 家增长到 15 家，从负债 320 万元，到每年 2000 万元销售额。这时，刘岩开始畅想起未来的美好，毕竟他也快 50 岁了。

（3）情况急转直下，兄弟出现裂痕。

2015 年，张云涛因为房地产项目被套资金 3000 万元。由于没有工作，也没有收入，他便找到刘岩，告之他要回公司上班。刘岩很尊重这个多年的大哥，二话没说，答应了张云涛回公司上班的要求。回到公司后，张云涛作为董事长，负责公司的对外战略和关系，在外应酬频繁，每次报销的费用都不是一个小数目。在工作过程中，刘岩发现，张云涛和其姐夫联手，经常越过刘岩做一些急功近利的决策，比如“药店充值送大礼”，这种做法明显不盈利，就是为了迅速圈钱而已。这对于一直脚踏实地的刘岩来讲，触碰了他的底线。

在这个过程中，刘岩曾找张云涛谈过，说："要不你把我的股份购买了吧，我离开公司，免得咱们兄弟之间出现隔阂和障碍。"但每次，张云涛都以这么多年的兄弟情义为由拒绝了。为了不影响兄弟感情，刘岩主动告诉张云涛："你全权负责公司的经营吧，我回家休息。"实际上，刘岩出来自己找了一份工作。在离开的日子里，刘岩发现张云涛在经营公司时公司业绩大幅下滑，从每个季度分红改为每年分红，到了年底又说公司没有盈利，便取消了分红。刘岩曾多次找张云涛谈股权转让事宜，都被张云涛挡了回去。

（4）无奈之下，求助律师。

万般无奈之下，刘岩通过朋友介绍，来找我们咨询，我们就问了刘岩一个问题，你最终想实现的目的是什么？刘岩带着怨恨说："我就赌一口气，公司现在被他给搞得这么乱，我想委托律师查询公司账目，如果出现任何违法的行为，交给法律来解决。"我们告诉刘岩："赌气解决不了任何问题，如果有一天张云涛因为你入狱，双方几十年的关系就会彻底破裂，同时公司也会面临崩盘，你们想再翻身可就不是一年两年的事情了。"

根据刘岩的描述，我们给出的解决思路是：止损。

首先，刘岩需要了解公司目前的状况是否是一个良性发展的公司，刘岩未来接盘的话，能否让公司做得更好？

其次，刘岩需要了解公司目前的债权债务情况，刘岩离开时，张云涛因为有3000万元的资金被套牢，他有没有以公司名义对外进行担保或者贷款？其额度是多少？是否在刘岩承受范围之内？

最后，刘岩需要了解的是，张云涛在对外欠款3000万元的情况下，医药公司可能是他翻身的救命稻草，他是否会出让自己的股份？如果张云涛不肯转让自己的股份，刘岩是否可以折价转让自己的股份，实现止损？

……

两个星期后，刘岩打电话过来说，通过银行的朋友，他查询到了公司最近6个月内有一笔1200万元的贷款。银行的朋友告知他这个贷款是有股东签字的，股东是需要承担担保责任的，显然，刘岩的签字是张云涛伪造的。

（5）本案带来的思考。

本案中的两位当事人的关系是30年的老乡、4年的大学同学、20年的同事、将近10年的合伙人，怎么就到了今天这样的地步？所以说，没有永远的朋友，只有永远的利益，谁也说不清楚合伙人在未来会发生什么事情。合伙不是小孩过家家，每个合伙人都要对公司负责，同时更要对自己负责，否则，最后就是对公司、对自己均不负责。

“情谊”不能保证公司的永恒发展。公司更多的是要靠建立良性的机制来保证其长久发展，这样，才不至于某一个股东出现问题，就导致合伙人或者公司出现危机。

在合作之初要完善公司的治理结构。从一开始就要完善《公司章程》，比如约定：企业对外借款或担保，超过50万元，必须经过全体股东一致同意，否则不能对外借款。如大股东未经其他股东同意对外借款，公司其他股东有权以出资时的价格收购其股份，以保证公司正常运行，保证其他股东的利益。

现在公司的浮躁性。很多公司的合伙人在挣到钱后，就开始浮躁，对外投资其他项目。一旦出现个人债务危机，很可能会连累到现在正常运营的企业。所以在《公司章程》里，需要根据公司的实际情况制定“个性化条款”，对这个方面可能出现的问题提前进行约束。如约定，当公司任何股东的个人债务到达多少的比例时，公司其他股东有权收购其股权，以此保证其不影响到合伙人的关系以及公司的正常运营。

完善公司的管理结构。比如：实现公司的财务管理公开化、流程化。负责管理公章的人员和负责审阅盖章的人员不是同一个人，必须清晰地规定公章的使用流程。这样也许就不会出现今天的这个局面，股东在不知情的情况下，出现这么大额的贷款。事后，即使刘岩拿起法律的武器捍卫自己的权利，结果很有可能是将张云涛送入牢房，而公司会因债权人挤兑而破产，同时连累到股东。

合并后的公司注册资本增资加到 5000 万元，并且是通过第三方“过桥资金”。实际上在法律中这种行为属于注册资金抽逃，出现纠纷后，公司股东需要在 5000 万元范围内承担债务清偿责任。也就是说，即使刘岩追究了张云涛的责任，他也需要在自己的股权比例范围内承担一定的责任。故建议任何创业公司创设时，不要迷信注册资本高公司实力就强，实际上是有可能给自己埋下隐患的。所以，认缴注册资本不易过高。

创业两年“烧掉”1145万元，最终收获了3个教训

一辆商务奔驰威霆从眼前奔驰而过时，李昊脑海中又闪现出一个画面，5年前他和3个朋友合伙创业，两年创业之路，1145万元就这么被烧没了。

“公司的发展是走高端路线，所以公司必须配备最好的商务车来接送孩子们上下学，建议先采购5辆商务奔驰……”，李昊在股东会上勾勒着公司的未来愿景，看到李昊的豪情壮举，其他3位股东张林、武汉、牛云虽有异议，但碍于李昊财大气粗，加之李昊本身生意做得风生水起，于是都同意了李昊的方案。就这样，公司有了第一辆奔驰商务车。

李昊自己做着一家物流公司，赶上了物流行业发展的好时期，生意做得红红火火，周边的人脉关系也都处理得不错，公司现金流也非常充裕。然而好景不长，由于物流巨头的介入，物流行业大洗牌，严重影响到李昊公司的发展。李昊也开始不断地外出学习取经，思考突围之路。李昊在北大MBA班上认识了他的股东之一牛云。牛云讲了其对教育项目的热情，这吸引了李昊。此外，牛云和李昊也拉了另外两个朋友加入，一个是张林、一个是武汉。4个人就这样成立了项目公司，主要做婴幼儿运动项目。4个人各自的股份比例为：25%、25%、25%、25%。

张林属于全职，既投资，又参与经营；而其他3位股东都是只投资，不实际参与经营，3人各有各的事业。因为牛云觉得张林是老大哥，德高望重，也同时具有教育行业的从业背景，就让张林做

了董事长，负责公司的经营发展。

初期，4个人都热情高涨，想要在3年内在全国开1000家店面。每个股东都对未来充满了激情。在张林的经营下，公司开设了一家面积达上千平方米的旗舰店，合伙就这么开始了。在经营过程中，公司的高管是牛云推荐的，也有张林自己推荐的，帮派文化慢慢萌芽，矛盾在无形中开始积累。公司慢慢地形成了两个“帮派”，使得公司内部一直没有形成一股合力，公司业绩也时好时坏。公司走过了一年多的时间，这期间经历了高管出走、公司转型，以及公司再次出资等事件，股东之间也慢慢从开始的友好到互相猜疑和不信任。

合伙的基石被一点点侵蚀，公司面临着分崩离析的态势。在这个过程中，由于张林和其他股东缺乏沟通，他们之间的误会也越来越大，最终矛盾爆发。在公司成立两年后，亏损现金达700万元，外欠家长学费445万元，牛云、李昊、武汉3位股东和张林分家。两家店面，张林一家，牛云接手一家，李昊、武汉退出。4个股东分家后，这家教育公司非但没垮，直到现在，各自的公司还活得好好的。

事情虽然过去两年了，但李昊每每看到路上的奔驰，心里还是隐隐作痛。当谈及此段经历时，李昊总是充满遗憾，当初最好的朋友，心中现在却感觉多了一堵墙，并且很难再推翻了。谈到用两年的时间交出1145万元的学费所换来的经验时，李昊总结了三条经验教训：

（1）明确老大及其责任。

在合伙创业的项目公司，合伙人初次组建团队，还没有完成重要的磨合前，要有这样的意识：虽然大家以前是朋友，但未必会是好的合作伙伴。因此要确定谁是团队的老大，谁就负责经营。团队干好了如何奖励，干不好责任如何承担，都要事先予以明确。在团队运作中，要区分投资股和管理股的概念，不能一味靠兄弟感情用事，纯粹靠兄弟感情是不会长久的。企业老大要制定一年规划、两年规划，经股东会议讨论后确定下来。不能像本案中那样，老大被其他合伙人在“蜜月期”时勾勒的“大饼”冲昏了头脑，从而为后期的经营不畅埋下伏笔。

（2）股东要约定清楚投资款的到位时间。

根据公司的战略来制定公司发展的投资预算，在股东确定股份比例后，要提前约定投资款的到位时间、不到位情况下的违约责任和股份调整机制及最后的退出机制。在本案中，就是因为前期没有做足投资预算，每个股东都很随意地拿出了前期投资，并没有考虑公司在不盈利的情况下，后期投资款的预算投资该如何确定。当公司出现亏损时，每个不参与经营的股东就不敢再给公司注入投资款了。如果能提前规划到位，投资款按照两年规划“宽备窄用”，项目也许就能熬过创业初期。

（3）股权比例不宜平均分配。

这个问题在前面已经讲过，企业股权平均分配，看似公平，实则不合理。看似人人是主人，实则却没有一个明确的担责人。一旦发生股东僵局，很难有合理的解决方案。最终结果只能是“一个和尚有水吃，两个和尚抬水吃，三个和尚没水吃”了。

合伙创业，承诺的“资源”未兑现怎么办

我们接到过一个案例，讲的是资源承诺型的股东因为承诺不到位而导致股东之间不和，在进行调整后完美解决问题的故事。

张冲在某地做了10多年的调味品生意，并且已经小有规模。张冲是一个爱折腾的企业家，在当地广交朋友，各个行业的资源也很丰富。在地产行业最好的时光，他没耐得住诱惑，就跨了进来。张冲通过其人脉关系的运作，拿到了60亩的工业用地和40亩的商业用地。因为投资项目预算太高，张冲想用贷款来解决资金问题。在当地的朋友圈里，他联合了多家企业，以互相担保的方式进行贷款，参与的朋友共有9个人。本来这9个人贷款只是为了给张冲面子，大家约定贷款下来后，各自以借款形式借给张冲使用。在贷款下来后，9个朋友都看到了张冲通过人脉运作拿到土地的事实，便也都想分一杯羹。最后9个朋友约定，贷款作为项目的投资款，入股到地产项目里，对外则以张冲名字来运作，大家也都和张冲签署了投资协议。

张冲为这个项目的运作凑了1000万元，但是离预期还差了很多。张冲慢慢觉得自己没有能力做好这个项目，就引进了有地产运作经验的李昊。李昊来自另外一个城市，在当地做地产项目有10多年的经验，并且也有资金实力。

就这样，该项目公司进行了股份比例的重新划分：李昊55%，张冲45%。这其中，25%为张冲所有，剩余20%为代持身后9个

朋友的股份。张冲 25% 股份的来源为：前期资金投入项目运作，因有不足为外人道的秘密，为简化对其前期投资的核算，大家对张冲前期投资进行简化处理，加之其人脉关系极广，后期运作也需要协调，大家对此无形资源也进行了估值。故根据张冲前期投资加上后期无形的人脉资源，张冲在整个项目的估值按照 1200 万元计算，占股 25%。

项目公司红红火火地开始了，9 个股东也都委托张冲处理公司事务，就这样 3 年过去了。大环境开始改变，小的地产项目，银行统统不给贷款。而项目公司在做运营建设的 3 年内，出现了各种各样的问题。比如：张冲承诺可以以 8 万 / 亩拿地，最后却是以 13 万 / 亩拿到；在建设过程中，因为某些原因导致建设过程不规范，行政部门罚款，全部按照执法尺度里顶格处罚……

李昊突然有一天告诉张冲，要其通知其他 9 位股东召开股东会，在股东会上，李昊将矛头对准了张冲。股东会议题就是："当年张冲入股时候的资源和承诺在 3 年里不仅没有兑现，还给公司造成了很大的损失。现在需要重新评估张冲的股份比例，如果不稀释，则拒绝继续投资，项目搁置。"

令人意外的是，从来没有发表过意见的 9 位股东，一致同意了李昊的议案。张冲不认可李昊的观点，觉得自己在这几年里做得问心无愧，并且他因为其他 9 位朋友都站在李昊那边，心里很是恼怒。张冲就赌气地说："你们敢动我的股份，我就让项目死到这里！"大家也就不欢而散了。

之后，张冲就来找我们小武股权律师团队咨询，问如何保护自己的权益。经过沟通，我们问张冲，找我们是想解决什么问题。经过沟通，张冲意识到，本着对项目负责的态度，让项目能够顺利往下推进，将来大家都能赚到钱，这才是最终目的。其次，我们建议张冲和他的这 9 个朋友见一面，当面沟通了解一下，大家这么多年的朋友关系，为何最后倒戈。张冲听从了我们的建议，在和 9 位股东见面后，大家都掏心窝地聊了聊，张冲也认识到了自己需要让步的地方，最后也说，为了大局可以让步，让步的底线是给自己的股份比例到 13%。就这样，张冲和李昊最终达成共识，调整了股份比例，项目也得以继续往下发展。

通过这个案例，我们来思考一下：对于承诺提供资源的股东，如何在合伙之初科学地设计股权呢？

首先，要对每个合伙人都做一个期待值评估，大家互相评估，互相核实各自的期待是否有出入。如果没有出入，确认期待值量化为合伙人考核的一部分，提前约定如果合伙人没有完成对未来的承诺，将不享受相应的股份。其次，让合伙人股权设计成为一个动态调整的过程。让每个合伙人都能够尽心尽力地为项目负责，而不是做一个静态的股权设计，永远不变，这不符合现代化的商业逻辑。现在运用更多的是在企业发展的不同阶段，基于战略设计给予股权比重的再分配。最后，合伙股权设计之初，分的不只是利，分的更多的是责任，是每个合伙人如何努力把项目做成功的责任。

所以，考核、动态调整、退出匹配，是合伙股权设计之初所必须考虑的因素，也是合伙创业初期，企业能否顺利发展的重要前提和保障。

如何避免“万科王石”事件的重演

40多岁的张扬，站在郑州某红红火火的物流园区门前，满脸都写着不甘。他内心郁闷，想不通，自己亲身打造的物流园区，怎么就易主了呢？事情还要回到5年前，张扬从四川老家来到郑州打拼。他虽然没有太多的文化知识，但是因为他在建筑行业已经做了15年，有着相当丰富的经验和人脉。因此，不安于现状的他，隐隐约约觉得自己在这个城市，应该能够找到挣钱的机会。

机缘巧合，他在某个饭局上了解到一个信息，一个物流园区的项目想找人出手。他意识到机会来了，凭着内心的那一股闯劲，张扬最终以3000万元的价格拿到了物流园区项目。创业初期，张扬和自己多年的老乡、原同事李爽共同成立公司，各自股份比例为张扬70%，李爽30%。物流园区项目没有张扬想象中的那么顺利，在项目运作两年后，资金便捉襟见肘，为了融资，张扬找到了王文。

王文50岁左右，戴着一副金丝框眼镜，乍一看像一位香港来的老板。王文内敛，深藏不露，让人琢磨不透，并且在当地极有影响力。张扬和王文接触后，也非常认可这一点，合作谈判时张扬没有多想，双方迅速谈妥，项目估值2亿元，转让该项目70%的股份给王文，张扬和李爽共占30%。合同签订后，半年内王文以各种借口，并没有付款和办理变更事宜。张扬在这半年内没少催促王文，最后事件终于有了转机。

王文帮助张扬找到了以刘猛为首的7个股东，各自认购了10%

的股份，公司做了变更登记。公司注册资本由之前实缴的 1000 万元，增资到了 5000 万元。同时，公司法定代表人还是张扬，公司董事一共 5 位，其中一位是张扬，其他 4 位股东都是后期进入的股东，包括刘猛在内。刘猛被选为董事长，负责公司的战略；张扬为公司的总经理，负责公司的具体事务。

大家对物流园区项目都充满了期待，铆足了劲，积极推动项目的发展。一年过去了，项目顺利竣工验收，招商如火如荼地展开。在招商过程中，刘猛和张扬有各自的思路，彼此都想按照自己的想法开展工作，为此没少争吵。最后，各自上报方案给股东会讨论，结果以刘猛的胜出告终。张扬不服气，就和公司的股东发生了很多不愉快，在后来的工作中，张扬和其他股东的摩擦越来越频繁……

有一次，张扬因家中有事，回了一趟四川老家。回来后，他竟然发现公司已经开股东会将自己除名了。除名的理由是公司增资后，张扬没有缴清出资款，并且公司已经到市场监督管理局做了变更。张扬找到了我们，想知道如何才能维护自己的合法权益。

首先，要了解的是，在有限公司中，是否可以将公司增资时未履行或者未全面履行出资义务的股东除名？

根据法律规定，结合本案实际情况，张扬在公司创始初期是实缴 1000 万元的，所以公司是不能解除其股东资格的。（具体见《公司法解释》（三）第十七条，附文后。）

根据这个案例，我们来谈一下创始股东如何能够在经营过程中不失去公司的控制权。

第一，创始股东在引进其他股东时，要考虑到股权的释放形式，是通过转让还是增资扩股。前者会使创始股东的股份越卖越少，后者可以减缓股份稀释的速度。

第二，引进股东需要考虑引进股东的目的。引进股东是为了引进财务投资者，还是战略投资者或者其他？

第三，引进股东要作风险评估。评估新进股东，需要对新进股东进行信任评估、沟通评估、战略维度评估等，否则会增加后期股东的沟通成本，甚至出现股东变仇人的情况。

第四，引进股东的时候不宜一次性释放太大的股份比例，突然让自己变成小股东，这很容易让自己失去法律层面的话语权。

第五，要对引进的股东作尽职调查。尽量避免一次性引进多个互相认识的股东。在本案中，除了张扬是四川人外，其他后期引进的 7 个股东彼此认识，还都是当地人，从地缘属性上来说对张扬存在潜在的风险。

第六，创业公司注册资本不易过高，够用就好。否则会引起不必要的麻烦。（见《公司法解释》（二）第二十二条，附文后。）

第七，公司尽可能完善公司章程，尽量不使用工商局模板，在之前的章节中我已经提醒大家注意“工商局提供的章程模版是个坑”。发生股权争议，律师首先会要求股东提供公司章程，看是否有特殊约定，原因就在于我们要从公司章程中寻找救济途径。但是，现实中大部分公司都没有个性化的公司章程，一旦出现纠纷，很难找到有效方法去维护股东的权利。

最后，还是要提醒大家，创业合伙不易，从一开始就需要谨慎地处理公司稀缺的股份。让你的创业成为一种享受，而不是一种折磨。不要因为不懂法律，而导致自己辛苦经营的企业最后完全落到别人手里。

附：最高人民法院关于适用《中华人民共和国公司法》若干问题的规定（三）

第十七条　有限责任公司的股东未履行出资义务或者抽逃全部出资，经公司催告缴纳或者返还，其在合理期间内仍未缴纳或者返还出资，公司以股东会决议解除该股东的股东资格，该股东请求确认该解除行为无效的，人民法院不予支持。

根据最高人民法院关于适用《中华人民共和国公司法》若干问题的规定（二）

第二十二条　公司解散时，股东尚未缴纳的出资均应作为清算财产。股东尚未缴纳的出资，包括到期应缴纳未缴纳的出资，以及依照公司法第二十六条和第八十条的规定分期缴纳尚未届满缴纳期限的出资。

公司财产不足以清偿债务时，债权人主张未缴出资股东，以及公司设立时的其他股东或者发起人在未交出资范围内对公司债务承担连带清偿责任的，人民法院应依法予以支持。

后记

打羽毛球如何与律师股权业务擦出火花

有朋友看我在微信里发的打羽毛球的视频后，很好奇地问我："你每天是怎么去打羽毛球的？"

我说："我骑自行车去的，路程大概有 5 公里，去的时候骑 20 分钟，打完球再骑 20 分钟，来回骑 40 分钟。"

朋友接着问："你怎么不开车？"

我笑着答："早上 6 点钟过去，骑车就相当于热身；打完球 7 点或 7：30，骑车回来相当于打球后的放松。而且，早上 7 点多是上班的高峰期，骑车可以避免堵车，还节能环保，省去不少油钱和停车费。此外，我骑车时还喜欢背书，我的好多书都是骑自行车时背会的。"

还有的朋友问："你是怎么提高羽毛球水平的？"

我的回答是："首先是爱好，你喜欢羽毛球，练过一段时间后，你就一定会有提高；其次，打羽毛球前要看一些羽毛球的教学视频，如肖杰的、赵剑华的；再次，向打羽毛球的高手学习，关键是不断练习，光看不练是不行的。"

朋友接着问："你现在的羽毛球水平有提高吗？"

我的回答是："我现在依然是业余水平，可能比一般人好一些，但我打羽毛球主要是因为快乐。"

下面是我从打羽毛球中悟出的股权之道，打羽毛球和股权业务其实是相通的，我总结了一些，和大家分享：

爱好：打羽毛球和股权业务，二者我都是发自内心的喜欢，不做就难受，哪怕不给钱我都愿意去做。何况打羽毛球是花钱，做股权是挣钱。

学习：向高人学习，规范动作很重要；"班门弄斧"在我看来，其实是一定意义上的褒义词，"弄斧"就要到"班门"去，接触一流的业界大师，才能看到差距，才会有努力的方向，这样才会"眼高手低"，才能不断进步。

练习：不断强化练习，在实践中不断突破自己，除此之外，好像并没有什么捷径。

突破：打羽毛球也有瓶颈期，要坚持和忍受瓶颈期，坚持住了就会有突破，股权业务亦然。

团队：要想走得快，一个人走；要想走得远，一群人走。一群志同道合的球友，陪我打球，陪我进步；我的股权团队，也同样支撑我不断向前。

敬畏：人外有人，天外有天，需要时刻保持敬畏心；有苦才有甜，有付出才有回报，“难”才更显可贵。

大道相通，打羽毛球与股权看似完全没有关系，但因为都是我喜欢做的事，便产生了奇妙的联系，并且让我从打羽毛球联想到了股权业务。以上是我个人的一点儿心得，分享给大家，希望能让你有所收获。